中国
近现代史纲要

实践教程

《中国近现代史纲要实践教程》编写组◎编

ZHONGGUO

JINXIANDAISHI GANGYAO

SHIJIAN JIAOCHENG

配套
精品教学课件
+学生无纸化
考试平台

中共中央党校出版社
The Central Party School Publishing House

图书在版编目（CIP）数据

中国近现代史纲要实践教程 /《中国近现代史纲要
实践教程》编写组编 . -- 北京：中共中央党校出版社，
2020.10

ISBN 978-7-5035-6900-5

Ⅰ.①中… Ⅱ.①中… Ⅲ.①中国历史－近代史－高
等学校－教材②中国历史－现代史－高等学校－教材
Ⅳ.① K25

中国版本图书馆 CIP 数据核字（2020）第 181152 号

中国近现代史纲要实践教程

责任编辑	李 云 齐慧超
版式设计	李 平
责任校对	洪思思
责任印制	姚利娜

出版发行　中共中央党校出版社
　　　　　（北京市海淀区长春桥路 6 号）
邮政编码　100089
网　　址　www.dxcbs.net
电　　话　（010）62808912（发行）　　68929788（总编室）
经　　销　全国各地新华书店
印　　刷　天津市蓟县宏图印务有限公司
字　　数　255 千字
版　　次　2020 年 10 月第 1 版　2021 年 1 月第 2 次印刷
开　　本　787 毫米 ×1092 毫米　1/16
印　　张　13
定　　价　36.00 元

编　委　会

前　言

　　21世纪全球竞争的关键在于人才的竞争，人才竞争的基础保障则在于教育。高校是人才的孵化器，肩负着培养人才、造就人才的重要历史使命。在高速发展的知识经济社会，综合素质、创新精神和实践能力成为衡量人才的重要指标。高校要培养出适应时代要求的合格人才，其教学重点应该向素质教育转移，把培养学生的创新精神和实践能力作为指导思想：在基础知识和基本理论教学的同时，高度重视学生创新精神和实践能力的培养。然而，如何实施大学生的素质教育，全方位提高大学生综合素质，尤其是非专业素质，仍是一个亟待解决的问题。

　　当前，大学生社会实践主要存在以下问题：对社会实践了解不足，缺乏科学的认知；过于注重形式，没有认识到大学生参加实践活动的意义，只是为了完成老师布置的作业，并没有真正对实践产生兴趣；实践结束后，没有科学的总结和评价机制，没有达到预期的实践效果；实践内容缺乏创新。我们编写思想政治理论课实践教材的目的就是希望尽可能解决上述问题，使大学生真正从社会实践中明确实践活动对自身学习和发展的重要意义，真正融入实践活动中，真正从实践活动中学到书本以外的知识，更全面地提高大学生的综合素质。

　　为响应习近平总书记"重视思政课的实践性，把思政小课堂同社会大课堂结合起来"的号召，贯彻落实教育部关于加强高校思想政治理论课实践教学的相关要求，充分发挥思想政治理论课在培养中国特色社会主义事业的建设者和接班人方面的主渠道作用，帮助广大青年学生养成乐于并善于实践的优秀品质，提高社会实践的能力，我们编写了这本《中国近现代史纲要实践教程》。

　　本书以高等教育出版社《中国近现代史纲要》（2018年版）的逻辑架构和主要内容为蓝本，旨在将理论教学与实践教学、校内实践与社会实践有机结合起来，以实践教学为突破点，增强"中国近现代史纲要"课教学的实效性，引导大学生理论联系实际，培养其历史使命感和时代责任感，切实实现该课程在高校思想政治理论教育体系中所应承担的育人功能。

　　本书为学生提供了尽可能全面的实践项目、尽可能详细的项目流程、尽可能正确的操作方法和尽可能科学的评价机制。希望通过这些丰富有趣的实践项目，培养学生的学习兴趣，提高学生运用所学知识分析、解决问题的能力，引导学生走向社会、了解社会进而服务社会，激励广大青年学生奋发有为，积极投身于建设中国特色社会主义事业的伟大实践，为实现中华民族伟大复兴的中国梦贡献自己的力量。

在本书的编写过程中，我们参考了大量专家、学者编写的相关文献资料，查阅了大量权威网站、书刊和报纸的有关内容，听取和吸收了相关学科专家的宝贵建议，在此一并表示诚挚的感谢。尽管我们力求完美，但因水平所限，书中难免有疏漏或不妥之处，敬请广大读者朋友提出宝贵意见，以便我们在今后不断完善与提高！

编　者

2020 年 10 月

目　录

从鸦片战争到五四运动前夜

上编

(1840—1919)

综 述 风云变幻的八十年

马戛尔尼眼中的"康乾盛世"

1792 年（清乾隆五十七年），大英帝国向中国派出了由马戛尔尼勋爵率领的庞大使团，分别乘五艘船只，经过 10 个月的航行，于次年 7 月底到达天津大沽口外，9 月 14 日在承德避暑山庄觐见了乾隆皇帝。马戛尔尼是英国著名的外交官，曾先后任驻俄国公使、英国印度殖民地马德拉斯的总督。

马戛尔尼来中国的名义是庆贺乾隆皇帝 80 岁寿辰，而实际上是希望绕过保守的广东地方官，直接与中国皇帝谈判，要求开放通商口岸，扩大中英贸易。他带来了英国国王给大清国皇帝的正式外交信件。

中国当时对世界还是茫然地一无所知，自以为是地认为英国人跨洋远道而来，只是为了观光上国，向大清国表示臣服，因而视马戛尔尼等人为"四夷"之外的"英夷"，居高临下地以对待藩国之礼来接待。乾隆皇帝断然拒绝了马戛尔尼的全部要求，理由据说是"红毛外夷"不肯行双膝下跪叩头大礼。乾隆皇帝的"圣眷隆恩"，只是特别地施惠于马戛尔尼使团中年龄最小的一个成员——当年只有 12 岁的托马斯·斯当东。当乾隆皇帝听到这个小小的英国人居然会说汉语时，不禁十分惊奇。他大感兴趣地把这个生着一头金黄卷发、高鼻梁、蓝眼珠的西洋小帅哥叫过来，让他靠在"龙膝"上抚摸，不免心中大感惊异，世界上居然有这样的"人"。

小斯当东虽然天资聪颖，但是他对能够靠在"龙膝"旁的"皇恩浩荡"毫无兴趣。48 年后，斯当东成为下院议员，在英国议会讨论有关与中国开战的议案时，他毫不犹豫地投了赞成票。他的理由是：中国听不懂自由贸易的语言，只听得懂炮舰的语言。

英国人在严密的监视下离开北京前往天津，从那里登上舰船前往杭州。马戛尔尼离开北京时，心中异常气愤："我们像要饭的一样进入北京，像囚犯一样被监禁在那里，而离开时简直像是盗贼。"而乾隆皇帝这时才松了一口气，但随即派出专使日夜兼程去各地传达他的命令：不准任何中国人接触"英夷"，违者严惩。当马戛尔尼到达广州时，他们见到了一支"欢送"的军队。这支军队按照皇帝的命令向英国人展示了他们雄壮的军威，枪戟林立、刀利弓强。英国人作为回应，也做了分列式行进。双方都怀有戒心地互相打量。马戛尔尼认定这支手持大刀长矛、身背强弓硬弩的军队不堪一击。而中国人在向乾隆皇帝提交的奏折中说，"英夷"走路步履僵硬，膝盖不易弯曲，"一旦仆地，极难起身"。

马戛尔尼失望地走了。在这次旅行中，他对中国人从满腔的热情转为极端的蔑视。回到英国以后，他同斯当东爵士（就是小斯当东的爸爸，马戛尔尼出使中国时的副使）一起，用充分的时间来冷静地考虑他的《纪实》，这本《纪实》直至1908年才发表，而且还是部分内容。马戛尔尼对中国作出了评价和预言，他毫不留情地戳穿了"盛世"的神话，看出"盛世"背面的败亡之兆。

他说，"他们恒久不变的体制并不能证明他们的优越"，"中华帝国是一个神权专制的帝国……它翻来覆去只是一座雄伟的废墟"。"任何进步在那里都无法实现"，人们"生活在最为卑鄙的暴政之下，生活在怕挨竹板的恐惧之中"，"他们给妇女裹脚，残杀婴儿"，"他们胆怯，肮脏而且残酷"，所以无可避免地"最终将重新堕落到野蛮和贫困的状态"。"中华帝国只是一艘破败不堪的旧船，只是幸运地有了几位谨慎的船长才使它在近150年间没有沉没，它那巨大的躯壳使周围的邻国见了害怕。假如来了个无能之辈掌舵，那船上的纪律与安全就都完了"。但是这艘破败不堪的旧船"将不会立刻沉没，它将像一具残骸那样到处漂流，然后在海岸上撞得粉碎"，而且"它将永远不能修复"。从而，亚洲及世界各地的贸易将受到"扰乱……各国的冒险家都将来到中国"，企图利用中国人的衰败来建立自己的威望。而"在他们之间将展开无情的斗争"。在这种对抗中，富的愈富，穷的愈穷。"英国靠着它的创业精神已成为世界上航海、贸易和政治的第一强国；从这样的急剧变革中，它将获得最大的利益，并将加强它的霸权地位"。

（资料来源：宁一、庞永三《中国人惹谁了》，中国社会科学出版社2003年版）

实践课堂

项目一　重回盛世——假如我是乾隆

· 实践类型

课堂交流

· 实践目标

通过积极发表自己的观点，分享"假如我是乾隆，我会怎么做"，重现在当时的历史背景下，如果"我"是当年的乾隆皇帝，"我"会如何与外国使团交流，如何对待他们提出的通商要求，如何采取措施使国家发展进步，如何使中国避免遭受帝国主义的侵略。在活动过程中培养学生的团队合作意识，提高思维能力和表达能力，使学生深刻认识到"天下兴亡，匹夫有责"，在交流观点中树立起爱国情感和历史使命感。

·注意事项

可以大胆畅想、大胆发言，但是要以当时的时代背景和历史环境为前提；活动以小组代表发言为主，但不局限于代表个人，其他人有想表达的观点可以另外提出。

·活动流程

1. 任课教师提前 1 周布置任务，说明注意事项，将学生分为若干小组，每组 5～8 人。

2. 各小组成员分工合作，课下通过书籍、网络等渠道收集资料，整理要发言的内容。

3. 各小组成员将各自整理的资料汇总讨论，确定一种统一的观点（如果有两个及以上大家认为较好的观点，可以在交流时都讲出来）。

4. 任课教师选 1 名学生作为主持人，负责提出任课教师布置的任务话题，安排发言顺序，维持活动秩序。

5. 各小组各选 1 名（或几名）代表阐述观点。

6. 学生上交整理的资料（每人上交 1 份）。

7. 任课教师对活动进行总结评价。

·实践成果

学生收集的资料

·参考资料

活动评价表

项目	满分	得分	教师评语
发言情况	20		
小组参与度	20		
观点情况	20		
分析、解决问题能力	20		

续表

项目	满分	得分	教师评语
资料收集情况	20		

小组：_____ 　总分：_____

项目二　阿美士德与拿破仑的会面

• 实践类型

情景剧表演

• 实践目标

通过情景剧表演，理解阿美士德与拿破仑对中国的不同认识，加深对近代东西方文明冲突及鸦片战争发生背景的理解，增强学生的爱国主义情感，对"中国威胁论"能够准确有力地予以回应。

• 注意事项

观点明确，并就阿美士德与拿破仑对中国的认识分歧展开观点交锋；参演人数不限于两人，可全组参与，但要注意角色分配合理；表演时间根据各自剧本情况可适当延长，但不宜过长（每组以10分钟为宜）。

• 活动流程

1.任课教师提前1～2周布置任务，并对学生进行分组，每组10人；说明活动注意事项。

2.每个小组选取组长1名，负责活动策划及分工；各小组成员分工合作，收集资料、编写剧本、排练演出。

3.任课教师安排1名学生作为主持人，负责安排表演顺序、维持活动秩序及其他临时工作；安排2名学生录制视频。

4.各小组按顺序进行现场模拟表演，负责视频录制的学生拍摄表演过程。

5.表演完毕，任课教师对活动进行总结评价。

• 实践成果

学生录制的表演视频

• 参考资料

关于中国，阿美士德和拿破仑的看法有什么不同？

1793年（清乾隆五十八年），英国国王派遣马戛尔尼带着使团访问中国，急欲打开中国的贸易门户。但是他们的通商要求遭到中国乾隆皇帝的拒绝。

1816年（清嘉庆二十一年）2月8日，英国国王再次派阿美士德率使团来华商谈贸易问题。使团团长阿美士德是英国著名的外交家，他曾担任印度总督，所带的使团成员不仅汉语水平高，而且大多是东印度公司的成员。1816年7月28日，阿美士德一行抵达天津口外。此时嘉庆皇帝对英使访华的意图有所了解，他直截了当地要求地方官员"勿事铺张"，"如要求开通商口岸，严辞驳斥，筵宴遣回，不使其入京"。

1817年，不受欢迎的阿美士德踏上归路。他准备回国后向议会和英王上书，用武力敲开中国对外通商的大门。

就在阿美士德访问中国前后，欧洲大陆发生了重大事件。不可一世的法国皇帝拿破仑一世在1814年被欧洲反法联军击败后，东山再起，于1815年组织30万大军向欧洲反法联军发动进攻，结果在滑铁卢遭到惨败。6月22日，拿破仑被迫退位，不久被英国军队押送到遥远的大西洋的圣赫勒拿岛监禁起来。在他被监禁的第3个年头，阿美士德垂头丧气地从中国返回。在回国途中，他正好经过圣赫勒拿岛。当阿美士德听说这里正关押着名震世界的拿破仑一世时，很想见一见他，听听这位传奇人物对中国问题的看法。

在征得小岛总督同意后，阿美士德见到了这位昔日的皇帝。阿美士德讲了自己在中国的经历，认为只有通过战争敲开中国的大门，才能使中国专制统治者明白打开国门对双方都有好处的道理。当时，拿破仑对英国的做法充满了蔑视，他对于英国用战争解决问题的提法发表评论说："要同这个幅员广大、物产丰富的帝国作战是世上最大的蠢事。"他接着说："开始你们可能会成功，你们会夺取他们的船只，破坏他们的军事和商业设施，但你们也会让他们明白他们自己的力量。他们会思考，他们会建造船只，用火炮把自己装备起来。他们会把炮手从法国、美国甚至伦敦请来，建造一支舰队，把你们打败。"阿美士德反驳说："中国在表面强大的背后是泥足巨人，很软弱。"但拿破仑认为，中国并不软弱，它只不过是一只睡眠中的狮子。"以今天看来，狮子睡着了连苍蝇都敢落到它的脸上叫几声。"拿破仑接着说："中国一旦被惊醒，世界会为之震动。"这句话出自拿破仑之口后，产生了极强的轰动效应，"一只睡着的狮子——中国"迅速传遍了欧洲和世界。

（资料来源：姚群民、于守萍、甘培强《中国近现代史纲要实践教程》，南京大学出版社2017年版）

活动评价表

项目	满分	得分	教师评语
小组合作情况	20		
资料收集情况	20		
表演情况	30		
观点交锋情况	30		
小组：_____ 总分：_____			

项目三　观史有感——《鸦片战争》

· 实践类型

观看影片

· 实践目标

通过观看电影，加深对近代西方列强侵略中国和中国人民进行奋起反抗历程的认识，增强学生的爱国主义情感，理解鸦片战争是中国近代史的起点；对鸦片战争发生的背景、过程等有形象认知，把握战争发生背后的深层次原因，并对战争发生的偶然性和必然性作出理性判断。

· 注意事项

在观看影片的过程中，注意保持现场秩序，不要大声喧哗、大声议论；注意视、听、感、思的结合，在视觉中感悟，在听觉中思考。

· 活动流程

1.任课教师结合课程进度，在合适的时候播放电影《鸦片战争》。在播放电影之前，任课教师给学生作简短的资料背景介绍，以帮助学生明确观影目标。

2.学生提前准备好纸和笔，在观看影片过程中，用文字记录下自己印象深刻的一幕或自己油然而生的感悟。

3.任课教师播放电影，播放过程中，任课教师可根据需要酌情快进或跳过。

4.观影结束后，任课教师引导学生交流讨论鸦片战争发生的原因，并对战争发生的必然性和偶然性进行探讨。

5. 课后学生从历史角度、事件影响、个人感受着手写一篇心得体会，并上交任课教师。心得体会要观点明确，表达清楚简洁，理解深刻，有自己独到的见解和看法。

• 实践成果

学生提交的观影心得体会

相关链接：
电影《鸦片战争》

• 参考资料

如何写观后感

许多写作者都害怕写电影（视频）观后感，看时激动不已，写时无从下笔，要么通篇复述影片（视频）内容，要么不着边际地空发议论。那么如何写出真情流露的观后感呢？

一、常见的观后感

常见的观后感一般包括三部分内容：内容简介、发表评论、抒写感受。

第一，内容简介。用简单几句话概括影片（视频）内容，就像我们平时读了一篇课文归纳主要内容一样，做到既完整又简练。

第二，发表评论。写这一部分时，写作者可向自己提这样几个问题：你对影片（视频）中的哪件事印象最深刻，为什么？哪个人物你最喜欢，为什么？哪个场面最使你感动，为什么？只要选择其中一个问题深入思考并写下来，就构成了自己对影片（视频）中某人、某事或某个镜头的个性评价。

第三，抒写感受。这是观后感的主体部分，初写者往往言不由衷、空喊口号。最有效的方法是作比较：或将片中人物与自己比较，寻差距、找不足；或与身边熟悉的人相联系，阐发自己的观点；或将电影（视频）中的先进事迹与生活中、社会上的现象比较，从正、反两方面谈感受。在写作时，写作者可简单列举一些亲身经历、耳闻目睹的事（或人），使自己的感受丰富起来，有血有肉，叙议结合。简言之，只有联系自己、联系生活和实际，才能写出真情实感。

二、撰写观后感时要注意的问题

第一，找准写作的切入口。一部电影或一段视频中往往人物众多、内容纷繁，情节纵横交错，写作时不能面面俱到，因此，必须找到一个切入口展开全篇，就像用一条红线将"简介、评论、感受"三部分内容串联起来。可以选用以下几种方法：一是选择一个人物。看完一部电影或一段视频，有的人对主角赞不绝口，有的人对某一配角记忆深刻。不管怎样，只需挑选一个人物，透过其言行举止走入他的内心，由此发表评论，抒写感受。二是截取一个片段，即选择影片（视频）中的一个小故事或一个独立的情节展开，联系实际谈感受。三是描写一个镜头，即采用特写或素描的方法，生动描述影片（视频）中感人至深的一个镜头，引发自己的情感共鸣，进而谈体会说感受。

第二，循序渐进写出特色。初写者可按照常见的"简介—评论—感受"三段式顺序谋篇布局，这样容易上手。有时，"评论"和"感想"可合二为一，边点评边写感受。有了一定基础后可突破固定结构，采用边叙边议边抒情等方式，围绕一条中心线索，写出真正属于自己的独特感受。

三、观后感的格式

观后感的格式大体上分为四个部分。

第一部分，由"观"引出"感"，这样的开头就好比一条醒目的标语或引子一样，先交代清楚看了什么影片（视频），有什么感想。

第二部分，具体谈感受是什么。写法上，可采用夹叙夹议的形式，"叙"就是把感人的故事情节或人物形象或词句叙述出来；"议"就是抒发自己的感受，要有层次地把自己的感情一步一步地推向顶点，得到升华。叙述是简述，抓住要点，不能太长，否则就有凑字数的嫌疑，也会影响文章的结构。

第三部分，把感受落实到自己的现实生活中去，联系生活中的事例来谈感受，因为"感"的目的就是要指导我们的实际行动，否则就毫无意义。具体来说，就是把自己在现实生活中的所作所为和电影（视频）中感动自己的人或事作比较，找出差距和不足，树立学习的榜样。

第四部分，文章的结尾要对全文内容作收尾总结，可以进一步抒发理想、希望或祝愿，把全文的情感升华到顶点。

第一章　反对外国侵略的斗争

英人在华的残暴行动

几年以前，当在印度施行的可怕的刑罚制度在议会中被揭露的时候，极可尊敬的东印度公司的董事之一詹姆斯·霍格爵士曾厚颜无耻地硬说这种说法是没有根据的。可是后来的调查证明，这种说法有事实作根据，而且这些事实对东印度公司的董事们来说应当是十分清楚的。因此，詹姆斯爵士对于东印度公司被指控的那些可怕的事情，只有或者承认是"有意不闻"，或者承认是"明知故纵"。看来，英国现任首相帕麦斯顿勋爵和外交大臣克拉伦登伯爵现在也处于同样的窘境。首相在市长不久前举行的宴会上的演说中，企图为施于中国人的残暴行为进行辩护，他说："如果政府在这件事情上赞同采取无理的行动，毫无疑问，它走的就是一条应受议会和全国谴责的道路。但是相反地，我们深信这些行动是必需的和至关重要的。我们认为，我国受到了严重的欺凌。我们认为，我国同胞在地球的遥远地方遭到了种种侮辱、迫害和暴虐，对此我们不能默不作声。我们认为，我国根据条约应享有的权利已遭到破坏，而在当地负责保护我国在世界那个地区利益的人员，不仅有理由而且有义务尽量利用他们所能采取的手段来表示对这些暴行的义愤。我们认为，如果我们不赞同采取那些在我们看来是正确的，而且我们设身处地也会认为自己有责任采取的行动，那我们就是辜负了我国同胞对我们所寄予的信任。"

但是，无论英国人民和全世界怎样为这些讲得头头是道的解释所欺骗，勋爵大人自己肯定不会相信这些解释的真实性，要是他认为这些都是真的，那就暴露出他是有意不去了解真实情况，同"明知故纵"几乎同样是不可原谅的。自从英国人在中国采取军事行动的第一个消息传来以后，英国政府报纸和一部分美国报刊就连篇累牍地对中国人进行了大量的斥责，它们大肆攻击中国人违背条约的义务、侮辱英国的国旗、羞辱旅居中国的外国人，如此等等。可是，除了"亚罗"号划艇事件以外，它们举不出一个明确的罪名，举不出一件事实来证实这些指责。而且就连这个事件的实情也被议会中的花言巧语歪曲得面目全非，以致使那些真正想弄清这个问题真相的人深受其误。

"亚罗"号划艇是一只中国小船，船员都是中国人，但是为几个英国人所雇用。这只船曾经取得暂时悬挂英国国旗航行的执照，可是在所谓的"侮辱事件"发生以前，这张执照就已经满期了。据说，这只船曾被用来偷运私盐，船上有几名歹徒——中国的海盗和走私贩子，当局早就因为他们是惯犯而在设法缉捕。当这只船不挂任何旗帜下帆停泊在广州城外时，缉私水师得知这些罪犯就在船上，便逮捕了他们。要是我们的港口警察知道附近某一只本国船或外国船上隐匿水贼和走私贩子，也一定会这样做的。可是因为这次逮捕妨碍了货主的商务，船长就向英国领事控告。这位领事是个就职不久的年轻人，据我们了解是一个性情暴躁的人。他亲自跑到船上，同只是履行自己职责的缉私水师大吵大闹，结果一无所得。随后他急忙返回领事馆，用命令式的口吻向两广总督提出书面要求：放回被捕者并道歉，同时致书香港的约翰·包令爵士和海军将军西马縻各厘，说什么他和英国国旗遭到了不可容忍的侮辱，并且相当明显地暗示说，期待已久的向广州来一次示威的良机到来了。

叶总督有礼貌地、心平气和地答复了激动的年轻英国领事的蛮横要求。他说明捕人的理由，并对因此而引起的误会表示遗憾。同时他断然否认有丝毫侮辱英国国旗的意图，而且送回了水手，因为尽管这些人是依法逮捕的，但他不愿为拘留他们而招致这样严重的误会。然而这一切并没有使巴夏礼领事先生感到满意，他坚持要求正式道歉和以隆重礼节送回被捕者，否则叶总督必须承担一切后果。接着西马縻各厘将军率领英国舰队抵达，旋即开始了另一轮公函往来：海军将军态度蛮横，大肆恫吓，中国总督则心平气和、冷静沉着、彬彬有礼。西马縻各厘将军要求在广州城内当面会商。叶总督说，这违反先例，而且乔治·文翰爵士曾答应不提这种要求。如果有必要，他愿意按照常例在城外会晤，或者采取其他不违反中国习惯与相沿已久的礼节的方式来满足海军将军的愿望。但是这一切都未能使这位英国强权在东方的好战的代表称心如意。

这场极端不义的战争就是根据上面简单叙述的理由而进行的——现在向英国人民提出的官方报告完全证实了这种叙述。广州城的无辜居民和安居乐业的商人惨遭屠杀，他们的住宅被炮火夷为平地，人权横遭侵犯，这一切都是在"中国人的挑衅行为危及英国人的生命和财产"这种站不住脚的借口下发生的！英国政府和英国人民——至少那些愿意弄清这个问题的人——都知道这些非难是多么虚伪和空洞。有人企图转移对主要问题的追究，给公众造成一个印象：似乎在"亚罗"号划艇事件以前就有大量的伤害行为足以构成宣战的理由。可是这些不分青红皂白的说法是毫无根据的。英国人控告中国人一桩，中国人至少可以控告英国人九十九桩。

英国报纸对于旅居中国的外国人在英国庇护下每天所干的破坏条约的可恶行为真是讳莫如深！非法的鸦片贸易年年靠摧残人命和败坏道德来填满英国国库的事情，我们一点也听不到。外国人经常贿赂下级官吏而使中国政府失去在商品进出口方面的合法收入的事情，我们一点也听不到。对那些被卖到秘鲁沿岸去当不如牛马的奴隶、被卖到古巴去当契约奴隶的受骗契约华工横施暴行"以至杀害"的情形，我们一点也听不到。外国人常常欺凌性情柔弱的中国人的情形以及这些外国人带到各通商口岸去的伤风败俗的弊病，我们一点也听不到。我们所以听不到这一切以及更多得多的情况，首先是因为在中国以外的大多数人很少关心这个国家的社会和道德状况；其次是因为按照精明和谨慎的原则不宜讨论那些不能带来钱财的问题。因此，坐在家里而眼光不超出自己买茶叶的杂货店的英国人，完全可以把政府和报纸塞给公众的一切胡说吞咽下去。

与此同时，在中国，压抑着的、鸦片战争时燃起的仇英火种，爆发成了任何和平和友好的表示都未必能扑灭的愤怒烈火。

（资料来源：《马克思恩格斯全集》第12卷，人民出版社1956年版）

实践课堂

项目一　鸦片战争给中国带来了什么

· **实践类型**

主题辩论

· **实践目标**

通过进行主题辩论活动，帮助学生深入思考鸦片战争乃至殖民主义对中国历史发展的影响，正确评价西方资本主义国家对近代中国的殖民入侵，不被少数错误言论误导；在辩论与思考的过程中，铭记历史、感悟历史、反思历史，培养学生的爱国情感和为中华民族伟大复兴而奋斗的历史使命感。

· **注意事项**

以《鸦片战争给中国带来了什么》为题，展开辩论：中国由此走向现代化／中国由此灾难深重。辩论过程中，要注意言辞语气、行为举止不宜过激；场上辩手要遵守规则，禁止抢话或发言超时；发言内容要贴合主题，不要跑题；发言要以事实为依据，逻辑清晰，言简意赅。

· **活动流程**

1.任课教师提前布置任务，介绍辩论规则及注意事项，并要求学生提前就辩题作准备。

2.选定 1 名主持人兼任计时员，拟定活动方案，包括活动时间、地点、评选方法和程序，协助任课教师选定评委、制定奖励方法。

3.抽签决定正、反方。正方观点：鸦片战争使中国由此走向现代化；反方观点：鸦片战争使中国由此灾难深重。

4.辩论团队内部选出 4 人辩论小组，其余学生作为智囊团，为本方辩论团队收集资料，写 1500 字左右的辩论稿，供辩论小组参考。

5.学生以正、反方分区就座，4 人辩论小组在辩论桌前就座，评委就座，任课教师作为公证人就座，主持人宣布本次辩论的主题、基本要求并简单介绍正反两方辩手及评委。

6.立论阶段：辩论开始后，由双方一辩开始立论陈词，亮明本方观点。每方陈述时长不超过 3 分钟。

7.驳立论阶段：双方一辩陈述完毕后，由正方二辩和反方二辩分别反驳对方立论，每方时长为 3 分钟。本阶段，双方二辩除对对方的立论环节进行反驳外，还可以补充和拓展本方的立论观点，巩固本方立场。

8.质辩阶段：由双方三辩分别向对方一、二、四辩提出一个问题，然后由对方一、二、四辩回答。每方时长不超过 3 分钟。

9.自由辩论阶段：由正方先开始发言，然后自由发言。发言者可以向对方提问，也可以直接表达自己的观点。无论是辩手还是其他同学都可以参与。整个阶段时长不超过 20 分钟。

10.总结陈词阶段：由双方四辩分别作出最后的总结陈词，总结本方观点，阐述最后的立场。每方时长不超过 3 分钟。

11.任课教师对本次辩论作出点评总结，并给表现出色的同学颁发奖品。同时要求每名同学将本次主题辩论会的感悟写成小结上交。

• 实践成果

学生提交的主题辩论会感悟

• 参考资料

辩论会评分表

（辩题：鸦片战争使中国从此走向现代化还是使中国从此灾难深重）

辩方	立论 （20分）	驳立论 （20分）	质辩 （20分）	自由辩论 （20分）	总结 （20分）	总分
正方						
反方						

浅谈：鸦片战争对中国的影响

19世纪上半期欧美资本主义正处于上升阶段，英国工业革命已经完成，法、美工业革命也正在迅猛发展。工业资本主义生产的存在和发展，需要不断开辟新的商品市场和原料产地。而此时的清王朝依旧做着"天朝上国"的迷梦，清王朝统治集团虚骄自大、闭目塞听，对世界形势茫然无知。清政府仍旧推行闭关锁国的外交政策，中国依然是自给自足的自然经济，在正当的中英贸易中中国处于出超地位。当时的英国政府已感到在中国这个封闭了几千年的古老大国，单靠贸易手段是不能解决问题的，为了扭转对华贸易逆差，英国无耻地向中国输入鸦片，鸦片严重危害到清政府的统治，道光帝任命林则徐禁烟，但林则徐的禁烟运动却成为英国政府使用"炮舰政策"的借口。为了打开中国的大门，1840年英国悍然发动了侵略中国的鸦片战争。

一、鸦片战争给中国带来的危害

鸦片战争中国战败，清政府被迫签订了中英《南京条约》，1843年7月与10月，耆英和璞鼎查签订了《中英五口通商章程》和《五口通商附粘善后条款》（即《虎门条约》），对《南京条约》进行了补充和具体化，对关税税率、领事裁判权、最惠国待遇等达成协议。1844年7月3日，耆英与美国全权代表顾盛在澳门望厦村签订了《中美五口贸易章程》，即《望厦条约》，1844年12月24日，耆英与拉萼尼在停泊在广州黄埔的法国兵舰上签订了《中法五口通商章程》（《黄埔条约》），美国和法国与中国达成同英国相同的权利。鸦片战争对中国的消极影响深远，中英《南京条约》是中国近代史上第一个不平等条约。鸦片战争使中国的社会性质发生变化，中国的领土完整和独立主权开始遭到严重破坏，中国自给自足的封建经济开始解体。

二、鸦片战争对中国社会发展的客观进步性

由于道光皇帝的无能和当时清政府的腐败、落后与封闭，造成中国在鸦片战争中的失败，作为一个失败者的中国不能不赔偿战争的费用和损失，接受外国的一些苛刻条件，甚至有些条件直接有损于中国主权的完整。与此同时，腐败、落后和封闭的古老中国大门被英国用"炮舰"强行打开了，尽管这个时候打开的只是一些窗口，但是，它促进了古老的封建与专制的中国的瓦解，对于推进世界文明在中国的发展都具有一定的意义和作用。其主要表现为：

（一）鸦片战争强行打开了中国腐败、落后和封闭的大门

中国几千年的封建与专制社会，广大民众局限在有限的土地之中，过着自给自足的封闭生活，到了清王朝后期，这种封闭性、落后性及腐败性更加突出，当

世界在发展，特别是欧洲经济经过近几百年的迅速发展，先进的技术和现代文明给欧洲民众不仅带来了生活上的改善，而且还带给了欧洲民众较多的自由和民主，使中国与世界特别是欧洲的差距更大。尽管西方各国在打开中国封闭大门时采用了"鸦片"和"大炮"两种不文明的手段，但是中国的封闭大门毕竟是需要打开的，外部的力量在一定程度上促进了这一进程。

（二）促进了中国商业的发展

由于《南京条约》规定了五口通商，先后开放广州、厦门、上海、宁波、福州为商埠。五市的开市和开埠，促进了当时五市商业的发展，旧日的商业中心广州和新起的商业中心上海最为繁盛，其他次之。中国也出现了一批大商人，如广州的吴健彰、杨坊等人，这些拥资百万的商人，尽管有些依附于外国人，但是毕竟是中国较早的具有现代商业意识的商人，他们促进了当时中国商业的发展。

（三）带来了欧洲的现代文明和技术

随着中国的国门逐步被打开，一些外国的文明与技术，特别是外国的一些进步和开放的民主思想和自由的主张，也开始在中国大陆产生。比如当时著名的思想家魏源研究了鸦片战争的过程，提出了对外关系的几个原则。第一是"听互市各国以款夷，持鸦片初约以互市"，这就是允许合法贸易，反对鸦片贸易。第二是"师夷之长技以制夷"，魏源所指"夷之长技"虽然主要还是指枪炮，但魏源等人的这些主张已成为当时中国知识分子较早提出"向西方学习"的先驱者，自此以后，西方的一些先进技术和新产品开始陆续地进入中国，中国民众也开始逐步认识西方世界。

总之，鸦片战争是中国遭受外国资本主义奴役的起点，它使中国由封建社会开始向半殖民地半封建社会转化，它标志着中国近代史的开端。但鸦片战争也强行打开了中国封闭的大门，中国长期以来奉行的闭关锁国的政策被打破，一批先进的中国人开始睁眼看世界，出现了探求西方知识、学习西方军事技术以御外侮的新思潮。因而，从某种意义上讲，鸦片战争在一定程度上也促进了古老的封建与专制的中国的瓦解。

（资料来源：百度文库，2018 年 2 月 26 日）

项目二 海洋知识和海权意识知多少

· 实践类型

问卷调查

· 实践目标

通过问卷调查活动，加深大学生对海洋知识的认知和理解，帮助大学生明确海权的重要性，增强大学生海权意识；帮助大学生理解当今中国海权争端的历史背景；激励大学生了解历史、铭记历史，增强维护国家海权的责任感和使命感。

· 注意事项

注意设定调查问卷的范围，要从选题的目的和需要着眼，绝不能偏离主题；对问题的回答要有一定的估计，不要设置太过隐私的问题，以免引起被调查对象的反感，影响调查的客观性；设置问题不宜过多，避免耽误被调查对象过多时间；问题不要有偏向性，不能诱导被调查对象。

· 活动流程

1. 任课教师布置任务，规定调查范围和调查对象，一般是在全校范围内的大学生；讲明注意事项及操作细节。

2. 学生分小组进行准备，收集资料、草拟调查问卷。

3. 问卷草拟后，先找其他人扮演调查对象，尝试回答问卷中的问题，并评估效果。

4. 各小组成员在全校范围内随机寻找调查对象，向他们发放问卷，进行填写，注意及时回收问卷。

5. 调查结束，各小组整理问卷，本小组成员合作统计问题回答情况。

6. 各小组将统计信息进行分析总结，形成报告，以小组为单位上交任课教师。

7. 任课教师对学生活动情况及提交的报告进行评价总结。

· 实践成果

以小组为单位提交的总结报告

• **参考资料**

大学生海洋知识和海权意识调查问卷

为了解大学生对海洋知识的了解程度及大学生的海权意识情况，向大学生普及海洋知识和增强大学生海权意识，增强大学生对保卫祖国领土统一完整的责任感和使命感，我们特做以下调查问卷。（请在与您的答案相应的"□"内打"√"）

1. 您的性别？
□ 男
□ 女

2. 您的学历？
□ 大专
□ 本科
□ 研究生

3. 您觉得大学生与国家的海洋建设及海权等方面是否息息相关？
□ 息息相关
□ 有一定关系
□ 有关系但不大
□ 不相关

4. 您平时会从哪些途径和渠道得知关于海洋及海权的事件？（可多选）
□ 网络
□ 报刊
□ 电视新闻
□ 课堂学习
□ 其他途径

5. 您觉得我国960万平方千米的国土面积是否包含了海洋国土面积？
□ 包括
□ 不包括
□ 不清楚

6. 您对我国近几年在黄岩岛、钓鱼岛等有关海洋、海权方面的处理方式满意吗？
□ 非常满意
□ 满意
□ 不满意
□ 无所谓

7.您知道"蓝色国土"是指什么吗？（可多选）

☐ 海洋国土

☐ 一个沿海国家的内水、领海和管辖海域的形象统称

☐ 我国拥有主权的海洋管辖区域

☐ 我国的陆地和海洋面积

☐ 不知道

8.我国与东南亚国家在南海有许多主权争端，而且我国许多岛屿都被他们长期占据。您认为我国对此应该采取什么措施？（可多选）

☐ 搁置争议，共同开发

☐ 主权在我，寸土必争

☐ 从局部着手，慢慢收回主权

☐ 维持现状，按兵不动

其他（请填写）：＿＿＿＿＿＿＿＿＿＿＿＿＿＿＿＿＿＿

9.您觉得我国在海洋发展方面最大的威胁是什么？（可多选）

☐ 一些西方大国的阻挠

☐ 我国与周边国家的海洋争端

☐ 我国科技水平的限制

☐ 国家投入不够

其他（请填写）：＿＿＿＿＿＿＿＿＿＿＿＿＿＿＿＿＿＿

10.我国在南海岛礁不断扩建，您觉得是出于什么考虑？（可多选）

☐ 弥补我国对南海的控制不足

☐ 修建可住岛屿，提高我国屯军数量和质量

☐ 开发利用南海资源

☐ 震慑东南亚各国，让他们看到我们维护主权的决心

其他（请填写）：＿＿＿＿＿＿＿＿＿＿＿＿＿＿＿＿＿＿

11.您知道目前和我国在南海有领土争端的国家有哪些吗？

☐ 知道

☐ 知道一些，但不完全清楚

☐ 不知道

12.您认为目前大学里的海权教育现状怎么样？

☐ 挺好的

☐ 一般

☐ 有待改进

☐ 不好

13. 您觉得如果高校开展海权教育可以采取的方式有哪些？（可多选）

☐ 老师日常授课

☐ 校园宣传栏宣传活动

☐ 学校定期安排专家学者开讲座

☐ 学生按照自己兴趣自主选择

其他（请填写）：_____

14. 您认为当前国家是否有必要加强海权意识教育？

☐ 有必要

☐ 没必要

☐ 无所谓

☐ 可以适当增加

15. 您认为可以通过什么途径来增强大学生的海权意识？（可多选）

☐ 通过新闻媒介等的普及

☐ 学校设置该类型的课程

☐ 国家加强这方面的教育

☐ 学生自己依照兴趣

其他（请填写）：_____

非常感谢您的配合！

项目三　圆明园的前世今生

• 实践类型

遗址参观

• 实践目标

在圆明园遗址中回顾历史，以圆明园的历史来折射近代中国的历史，从而激发学生的爱国主义热情，升华学生的爱国主义情怀，引发学生对未来的展望及为祖国美好未来发展奋斗的决心。

• 注意事项

注意安全和秩序，不要擅自脱离队伍，负责人要及时提醒大家不要走散，及时清点人数；任课教师要认真做好计划，在参观前告诉学生参观的目的、参观时应注意的主题，设计好问题，让学生带着问题去参观；学生在参观时，要注意思考和感悟，随时做好笔记，带着问题去看，避免参观流于形式，成为纯粹的旅游。

• 活动流程

1.任课教师提前布置任务，做好计划，将全班学生分组，每10人为1组，各小组选1名负责人，负责参观过程中大家的安全、秩序及其他临时工作。

2.各小组可提前收集相关资料，以便在参观过程中相互讨论或向大家讲解。

3.每名成员自带相机或手机，供参观时拍摄照片。

4.参观过程中，运用自己收集的资料与同学们讨论，或做本小组的导游，向大家介绍圆明园的历史知识。

5.在参观和讨论过程中学习历史，将圆明园被烧毁这段苦难的记忆化作动力，激励自己奋发图强，立志报效祖国。

6.参观结束后，以个人为单位将所看、所想形成书面总结（可以附带照片），提交给任课教师。

• 实践成果

学生以个人名义提交的总结

• 参考资料

游圆明园遗址有感

我一直想亲眼看看圆明园，今天终于有幸参观了圆明园遗址。

刚一进园，就看见一些关于荷文化的宣传标语，只见碧波荡漾，喷泉绝妙，荷影摇曳，游人如织。心里暗想：无非又是一些池水荷塘、亭台楼阁。我一边拍照，一边暗暗怀疑，圆明园遗址难道就是这些吗？且往前再看看吧。

沿着亭台楼阁一直往前，到了十二生肖兽首博物馆，我不由想到了成龙主演的《十二生肖》中的国际文物贩子劳伦斯。到目前为止，兽首中的六个已经回到中国，分别是牛首、猴首、虎首、猪首、羊首和马首铜像，收藏在保利艺术博物馆。其余的鼠首与兔首被法国人收藏，龙首、蛇首、鸡首、狗首则下落不明。想到这里不免有些气愤，我们中国的文物不能陈列在自己的博物馆里，却被一些不法分子拍卖、收藏。

坐着观光车终于来到了圆明园遗址景区，断壁残垣赫然出现在眼前，空空的杂草地上，将近一米高的野草随着微风晃动，白玉砖基无力地随处散落。我刚进园时的疑虑一扫而空，心里只剩下震撼与愤怒：那一座座残缺不全的石碑似乎在诉说着曾经的苦难；那幸存的石狮怒睁的双眼似乎仇视着践踏这里的侵略者；那一片片瓦砾与石块似乎在向人们哭诉着强盗是怎样贪婪地掠夺的。

法国作家雨果曾这样说过："在世界的一隅存在着人类的一大奇迹，这个奇迹就是圆明园……这一奇迹已经荡然无存。有一天，两个强盗闯进了圆明园，一个强盗大肆掠劫，另一个强盗纵火焚烧，一场对圆明园的空前洗劫开始了，两个征服者平分赃物，然后他们手挽着手回到了欧洲。这两个强盗一个叫法兰西，一个叫英格兰……"雨果揭露了英法联军丑陋的嘴脸与无耻的行径。

英法联军火烧圆明园，使108所园子中的107所木质园林所剩无几，他们又在大肆掠夺之后，采用轰炸的办法使得石质的园子这般惨不忍睹，偌大的石碑从中变为两半，厚实的石墩也被劈为几块，这些丧尽天良的人啊！这里的一砖一瓦、一草一木都在向世人诉说着它们曾经的不幸遭遇。走在断垣残壁中，体味着它们的辛酸历程，感受着时光的痕迹，我似乎也回到了那个战乱的时代，看到了3000多个苦苦挣扎的宫女和太监，看到了当权者的怯懦无能，看到了不战即退的军队……"你看，在这里没看见一个外国人，是不是他们不好意思来这里呢？"一位游客的话唤醒了我，仔细看看，今天确实没有看见一个外国人。希望真如那位游客所说，他们自知有愧，无颜前来目睹他们曾经的"战绩"。

随后观看的圆明园全景模型让我大开眼界，惊叹于圆明园曾经的辉煌。圆明园不仅是一座"万园之园"，以园林著称，有着无数的名贵花木，而且是一座皇家博物馆，展示了我国古代封建文化的精萃。圆明园更像一个宝库，里面藏有名人字画、秘府典籍、钟鼎宝器、金银珠宝等。

圆明园是中华民族的骄傲，她的美让人眩晕，正如所法国文豪雨果所描述的人间仙境："用大理石、汉白玉、青铜和瓷器建造成的梦……"同时圆明园又是英法等八国联军罪孽的见证，它的毁灭让人心痛。法国著名历史学家伯纳·布立赛曾说过："圆明园劫难是中国历史也是世界文明史上的一次巨大灾难……"

走出圆明园，心中百感交集。悲清帝国的腐朽和无能，痛民族的落后和衰落，恨蛮夷的野蛮和无耻。圆明园是一部屈辱史。再次回望圆明园，心中有个强烈的声音在回荡：勿忘国耻，爱我中华，强我中华！

（资料来源：范文先生网，2017年11月27日）

第二章　对国家出路的早期探索

历史回顾

中国近代化的第一步

　　鸦片战争的隆隆炮声第一次震撼了中华帝国，列强的炮舰冲开了清政府闭关自守的大门。到第二次鸦片战争时，中国遭到了更为沉重的打击和失败，严峻的形势使更多的中国人觉醒了。不同出身、不同地位的人物，在学习西方先进科学技术和思想文化的共识下聚集起来，形成了一股强大的政治势力——洋务派。他们在中央以奕䜣、桂良、文祥等权贵为代表，在地方有曾国藩、左宗棠、李鸿章等封疆大吏，还拥有一大批为革新著书立说、大造舆论的知识分子及一批渴望采用先进生产技术的民间工商人士。

　　1862年春，李鸿章带着刚从合肥老家招募来的7000名淮勇，分乘8艘英国轮船由安徽安庆驶抵上海。此次长江航行，使李鸿章眼界大开，他应邀参观了英国、法国的军舰之后，深感外国军舰之坚固、大炮之精良、弹药之细巧、器械之先明，开始下决心学习西洋的长处。随后，他采购西式枪炮装备自己的淮军，果然作战能力大增。次年，李鸿章安排专人在上海筹办洋炮局。

　　1864年6月2日，由恭亲王奕䜣领衔的总理各国事务衙门，向皇帝提交了一份奏折，强烈要求学习西方先进军事技术以图自强。这份奏折提出："查治国之道，在乎自强。而审时度势，则自强以练兵为要，练兵又以制器为先。自洋人构衅以来，至今数十年矣。迨咸丰年间，内患外侮一时并至，岂尽武臣之不善治兵哉？抑有制胜之兵，而无制胜之器，故不能所向无敌耳……今既知其取胜之资，即当穷其取胜之术，岂可偷安苟且，坐失机宜！"

　　在总理衙门的这份奏折之后，还附呈有李鸿章写给总理衙门的一封信，其中数语，为当时高级官员们不敢想更不敢言："鸿章窃以为天下事穷而变，变则通。中国士大夫沉浸于章句小楷之积习，武夫悍卒又多粗蠢而不加细心，以致用非所学，学非所用。无事则嗤外国之利器为奇技淫巧，以为不必学；有事则惊外国之利器为变怪神奇，以为不能学……鸿章以为中国欲自强，则莫如学习外国利器；

欲学习外国利器，则莫如觅制器之器……欲觅制器之器与制器之人，则或专设一科取士。士终身悬以为富贵功名之鹄，则业可成、业可精，而才亦然可集。"

这分明就是一份请愿书。于是，从19世纪60年代初期开始萌发的一场颇具声势的学习西方的运动——人们习惯称之为"洋务运动"——在封建顽固守旧势力的重重环伺之下，紧锣密鼓地拉开了大幕。

1861年1月，奕䜣等首先提出培养翻译人才，清政府很快批准了这个建议，于1862年6月开办了"同文馆"，设英、法、俄文三个专业，随后又增加了算学、天文、物理、化学、外国历史、地理、万国公法等课程。

1862年，曾国藩主持创设的安庆内军械所仿造的"黄鹄"号轮船下水。这艘轮船性能并不十分先进，但其从设计到建造，"全用汉人，未雇洋匠"，诚为可贵。

在发展中国近代造船工业中功绩卓著的当属福州船政局，这是中国近代海军海防事业的第一个造舰育才大基地。至1894年中日甲午战争爆发前，福州船政局共建造出34艘舰船。

福州船政学堂作为中国近代史上第一所采用西方科学技术与方式培养海军军官的海军学校，为近代中国海军海防事业输送了第一批极为宝贵的人才，其中不少毕业学生还被选送到西方先进国家的海军院校留学深造。他们后来成为近代中国海军的杰出将领和专业栋梁，著名的代表人物有后来北洋海军的总兵刘步蟾和林泰曾，天津水师学堂的总教官、社会启蒙思想家严复。

为解决经费之难和财源之缺，李鸿章于1872年倡办轮船招商局，他说："今倡办华轮，实为国体、商情、财政、兵力展拓之基局。"

从洋务运动到甲午战争的30多年间，洋务派举办的洋务事业相当可观，其中尤以军工企业、军民两用企业和三洋海军的创建成效最为显著。在近30个军工企业中，以江南机器制造总局、天津机器局、福州船政局、金陵制造局和湖北枪炮厂等军工企业的规模最大，供应全国各地枪炮、弹药及其他军需用品。福州船政局不但自造轮船、巡洋舰，还自行设计和制造铁甲船、舰船供沿海数省使用。此外，山东、湖南、四川、广东、吉林、山西、浙江、台湾、云南等省相继建立了军工厂。虽然这些大大小小的军工厂存在技术落后、产品质量不高、经费不足和衙门式管理等弊端，但它们毕竟走上了近代化的道路，为近代国防建设和近代工业的发展初步奠定了基础。军民两用和民用企业的建立经过30多年的发展，成效尤为显著。其中，以轮船招商局、开平矿务局、电报总局、汉阳铁厂和湖北织布局等近代化企业的规模最为宏大，成绩尤佳，不仅收益显著，还同洋商进行了激烈的竞争，在一定程度上促进了近代民族资本工业的产生和发展。

而"三洋海军"的创立，则是中国军事和国防近代化的里程碑。所谓"三洋海军"，是指南洋、北洋和粤洋三支海军，它们于1875年开始创办，1884年初具规模。其中的粤洋海军又称"福建海军"。三支海军拥有舰艇43艘。虽然福建海军建立不久即遭法军偷袭而全军覆没，但是北洋海军仍加速建设。1888年建成的北洋海军舰队，当时被人视为"亚洲第一大舰队"。

洋务派还大力制造轮船，修筑铁路等新式交通，创办电报与新式邮政也成为洋务运动的重要内容。此外，洋务派还创办了各类新式学堂，派遣学生分赴欧美留学，为国造就了新学和各类技术人才。

可惜的是，洋务的发展挽救不了制度上的缺陷，其本身也在挣扎中慢慢溺毙。洋务运动从表面上看做得有声有色，但实质与表象有太大的差距。洋务派多年的努力不过是在花费巨资后搭了一台有名无实的空架子，并在随后的中法、中日战争中灰飞烟灭。

（资料来源：李树喜《天朝末日：清朝最后五十年》，中央编译出版社2007年版）

 实践课堂

项目一 太平天国运动究竟是历史的进步还是倒退

• 实践类型

主题研讨

• 实践目标

通过该主题活动，帮助学生深入认识太平天国运动及其所建立的太平天国政权，理性判断太平天国运动的历史意义及太平天国政权的性质，从而认识到农民阶级由于自身的局限性，无法领导民众找寻到国家出路。

• 注意事项

观点内容要结合历史事实展开，不能凭空捏造；可以小组代表形式发表观点，也可以个人名义发表观点；活动过程中，要遵守活动秩序，不要嘲笑、讥讽发言同学，也不要大声喧哗。

• 活动流程

1.任课教师提前布置该主题活动，并将该研究主题分成若干研究小专题：太平天国运动爆发的时代背景和原因分析、太平天国起义历程、太平天国政权架构、太平天国建立后的治国政策和举措，太平天国统治期间的社会政治、经济、民生等状况，天京内讧与太平天国的失败、太平天国运动及其政权评价等。

2.学生以小组为单位开展准备活动，8～10人为1组，推选1人任组长，各小组选择上述专题之一进行整理研究，可根据需要制作PPT，以供汇报时使用。

3.学生以小组为单位进入实践厅就座，任课教师主持开展研讨会。

4.各小组按顺序上台作专题汇报，每组时间不超过10分钟。

5.任课教师引导学生就研讨主题进一步交流探讨，凝聚共识。

6.任课教师作最后点评总结。

7.各小组整理研究学习报告，提交给任课教师。

·实践成果

各小组提交的研究学习报告

·参考资料

太平天国运动研究学习报告

研究目的：

太平天国运动是清末在中国发生的一场大规模群众暴力运动。研究太平天国运动，可以加深我们对世界历史变迁的认识，客观地评价农民夺取政权的有利和不利影响，掌握评价历史的基本方法。

研究方法：

通过网络、图书馆等渠道查询数据，整合素材，然后分析思考，与同学交流。以包容客观的态度了解事实，从尽可能丰富的数据中了解真实。具体操作方法如下：查找数据、整合素材、分析思考等。

研究过程：

太平天国运动是清末发生的一件大事。各种群体对其的评价也各不相同。社会意识是总体的，而研讨者的文字常常又是体现社会意识形态的。因此，笔者以人民教育出版社《历史》必修1和网上的内容为主要参考资料进行研讨性学习。

研究结果：

鸦片战争后，清朝国内阶级矛盾空前激化，农民起义风起云涌。1851年，洪秀全发动了金田起义，并建立了太平天国政权；1853年，太平天国定都天京，颁布了《天朝田亩制度》；1856年，太平天国军事上达到全盛时期；领导集团内部矛盾激化引发的天京事变大伤太平天国的元气；1864年，太平天国运动失败。洪秀全领导的太平天国运动，体现了新时代农民战争的特点。太平天国的一些领导人，开始向西方寻求真理，探索中国独立、富强的途径，勇敢地担负起反封建、反侵略的任务。太平天国运动是中国农民战争的高峰。

太平天国开创了中国历史上的许多特例，如以西方宗教名义组织势力，或是中华人民共和国官方认定之"中国农民起义"且"第一次遭到中外势力共同镇压"。清军入关后强令剃发易服，太平军因拒绝此俗，亦被清廷称作"长毛""长毛贼""发贼""发逆"；因为太平军起自广西，以两广人为主，故清廷称其为"粤匪"（如《钦定剿平粤匪方略》）。

太平天国的创立及发展：

1843年，洪秀全与表亲冯云山、族弟洪仁玕从梁发《劝世良言》中吸取某些基督教义，后来自行洗礼，并在广东花县首创"拜上帝教"。

1844年，洪秀全和冯云山到广西传教。

1847年，洪秀全和洪仁玕到广州跟随美国传教士学习《圣经》，因听洪秀全说曾梦见自己是上帝的儿子，传教士拒绝给他施洗。洪秀全离开广州，重返广西桂平，与冯云山会合。

1850年9月初，洪秀全发布总动员令，会众立即到金田团营编伍，达两万人。同年11月，太平军在蓉村江木桥伏击清军成功。农历12月，他们在金田村内的韦氏大宗祠，举行拜上帝仪式，并宣布国号为太平天国。

1851年1月，洪秀全集合拜上帝教群众，在广西桂平县金田村起义。

1852年春，太平军从永安突围北上，连战连捷，各地反清势力闻风响应，太平军迅速壮大。

1853年3月攻占南京，改名"天京"并定都在此，随即展开北伐及西征。北伐军虽然一度进至天津附近，因孤军深入，最终在1855年全军覆没。西征军的进展比较顺利，先后攻下安庆、九江、武昌等地。

1853年冬，太平天国颁布《天朝田亩制度》。

1854年，西征军在湖南遭遇新建立的湘军抵抗，湘军反攻至九江附近。

1855年初，翼王石达开大破湘军，复陷武昌。

1856年6月，太平军攻破清军向荣的江南大营，解天京三年之围。向荣在8月9日死后，其死讯不久便传入天京，东王杨秀清见当时太平天国形势大好，另有图谋，假装"天父下凡"迫天王封他为"万岁"。

韦昌辉在9月1日到天京，与秦日纲在夜间入城，2日凌晨突袭东王府，杨秀清及其家人被杀，东王部属、他们的家人及其他军民共2万多人亦被杀。

翼王石达开责备韦昌辉滥杀，二人不欢而散，石达开当夜逃出城外，韦昌辉其后尽杀翼王府中家眷。

石达开从安庆起兵，声讨韦昌辉，此时在天京以外的太平军大多支持石达开。洪秀全为平众怒，于11月2日将韦昌辉处死，不久又处死秦日纲和陈承瑢。

失败原因：

定都天京后，太平天国领导层日益腐化，他们贪图享乐，大兴土木建造宫室，并实行严格的阶级制度，愈来愈脱离民众。加上太平天国强制推行一些违背民意的措施，如在首都天京强制男女分开居住（1855年起放宽），凡此种种皆不得民心。

主要领导人争权夺利，最后引致领导集团的分裂。1856年秋，正当太平军在战场上不断取得胜利的时候，东王杨秀清自恃功高，挑战洪秀全的地位，引致洪秀全下密诏诛杨，触发"天京事变"，杨秀清、北王韦昌辉及二万余人被杀，太平天国元气大伤。后来翼王石达开因受洪秀全猜疑，带领大军出走，从此太平天国走向衰落。

太平天国未能争取外国支持，后期清军却得到外国人支援，形势此消彼长。西方国家认为太平天国的拜上帝教与基督教相差甚远，实为异端。太平天国又不承认清朝与外国订立的不平等条约，加上禁止鸦片入口，损害西方国家的利益，因此，英、法两国跟清廷签订《北京条约》后即支援清军对付太平天国。

天王洪秀全后期不肯放弃天京，不肯转移至外国列强不能深入的内陆地区发展。太平天国连年战争，造成中国人口大量流失，使生产遭到破坏。江南繁华之地不再繁华，江苏和浙江两地的人口大量减少，太平天国再也无法得到人民的支持。

根本原因：

农民阶级的局限性。

直接原因：

中外反动势力的联合绞杀。

历史影响：

太平天国历时14年，占领长江中下游富庶地区多年，战事波及半个中国，使清朝元气大伤。

清廷曾借助外国人镇压太平军，因而产生效法西方、推行改革的想法，促成后来洋务改革的出现。

太平天国的事迹及它提出的一些主张，宣扬了民族思想和革命精神，对日后的反清革命有一定的影响。

太平军在江南征战时，大量富户及平民逃到上海避难，促进了上海的发展。其失败的根本原因是农民阶级的局限性，农民阶级不是先进生产力的代表，不是先进阶级，不能领导中国革命。没有先进阶级的领导，更没有科学革命纲领的指导，再加上客观上反动势力的强大，失败成为历史的必然。但从中我们可以看到中华民族几千年来不屈不挠的斗争精神和为求民族独立而作出的尝试，以及当时中国社会政治斗争的复杂性。

总体评价：

太平天国是一次反帝反封建的农民运动，是中国历史上规模最大、人数最多、时间最长的一次农民战争，是中国几千年来农民战争的最高水平，它沉重地打击了中外反动势力，并对亚非人民的反殖民斗争起到了巨大的鼓舞作用，体现了时代新特点。

研究小组：第 × 组

研究日期：×××× 年 ×× 月 ×× 日

（资料来源：豆丁网，2010 年 4 月 25 日，略改动）

项目二 你所认识的洋务运动

· 实践类型

知识竞赛

· 实践目标

通过分组进行知识竞赛，了解大学生对中国近代洋务运动的认知度，从而帮助大学生树立正确的历史观和对国家的历史责任感。

· 注意事项

各参赛小组不得携带任何与比赛有关的材料入场；比赛过程中不得更换队员，特殊情况除外；非参赛人员不得给予提示；比赛过程中，所有人员不得随意走动、喧哗，影响活动秩序，手机调为震动或静音模式。

· 活动流程

1. 任课教师提前布置活动任务，将学生分为 6 个小组，各小组课下收集资料，做好准备工作。

2. 如条件允许，可邀请本校历史系老师或同学（3 人）参与题目制定和担任评委；如条件不允许，则在本班同学中推选 3 人，配合任课教师或同学完成题目制定，并在比赛中担任评委。

3. 比赛分为初赛和决赛，初赛阶段决出 2 个小组参加决赛，初赛和决赛赛制一样；比赛题目可用投影仪展示。

4. 第一轮，选择题必答题，每个小组派出 1 名选手进行作答，答对一题得 5 分，答错不扣分，时间 5 分钟。

5. 第二轮，选择题抢答题，每个小组派出 1 名选手举手进行抢答，答对一题得 5 分，答错一题扣 5 分，时间 5 分钟。任课教师和评委进行监督，判定谁先抢到答题权，必须等主持人喊"开始"之后才能抢答。

6. 第三轮，简答题必答题，以小组为单位进行作答，答对一题得 10 分；答错不扣分，时间 10 分钟。

7.三轮结束，评委核定各小组总得分，得分前两名的小组进入决赛，继续进行比赛；如果出现并列第二名的情况，则并列者进行附加赛，胜出者进入决赛，附加赛赛制与初赛一样。

8.决赛结束，任课教师对活动进行总结并给第一名和第二名颁发奖品。

9.全班学生以小组为单位提交活动总结及对洋务运动的重新认识。

• 实践成果

各小组提交的活动总结及认识

• 参考资料

洋务运动知识竞赛题目

一、选择题（单选）

1."中国文武制度，事事远出西人之上，独火器万不能及……中国欲自强，则莫如学习外国利器……"提出这一主张的中国近代政治派别是（　　）。

　　A.顽固派　　　　　　　　　　B.洋务派

　　C.维新派　　　　　　　　　　D.革命派

2.甲午战败后，李鸿章伤感地反省，说："我办了一辈子事，练兵也，海军也，都是纸糊的老虎……不过勉强涂饰，虚有其表。"从他的话中，我们更能看出洋务运动是（　　）。

　　A.一次使中国走上富强道路的运动

　　B.一次失败了的封建统治者的自救运动

　　C.一次资产阶级改良运动

　　D.一次资产阶级的民主革命运动

3.洋务运动迈出了向西方学习的重要一步，下列对洋务运动的表述，正确的有（　　）。

①中国成为亚洲强大的资本主义国家　②出现了使用机器制造枪炮的兵工厂　③产生了中国最早的新式海军　④到国外学习的人数逐步增多

　　A.①③④　　　　B.①②　　　　C.①③　　　　D.②③④

4.洋务运动的根本目的是（　　）。

　　A.解决统治阶级内部的各种矛盾

　　B.利用西方先进的生产技术来维护清朝的统治

　　C.改进落后的军事装备去镇压太平天国运动

　　D.解决财政困难，发展近代军事工业和民用工业

5. 洋务运动兴起的主要原因是（　　　）。

A. 清朝封建统治出现危机　　　　　　B. 中外"和好局面"的出现

C. 学习西方新思潮的影响　　　　　　D. 洋务派官僚掌握地方政权

6. 洋务运动前期的口号是（　　　）。

A. 自强　　　　　B. 求富　　　　　C. 新政　　　　　D. 恢复中华

7. 洋务运动后期的口号是（　　　）。

A. 自强　　　　　B. 求富　　　　　C. 新政　　　　　D. 恢复中华

8. 下列属于洋务派在中央的代表的是（　　　）。

A. 张之洞　　　　B. 左宗棠　　　　C. 奕䜣　　　　　D. 李鸿章

9. 洋务派开办的最大的近代军事工业是（　　　）。

A. 安庆内军械所　　　　　　　　　　B. 江南制造总局

C. 福州船政局　　　　　　　　　　　D. 汉阳铁厂

10. 洋务运动时期远东第一大船厂是（　　　）。

A. 福州船政局　　B. 汉阳铁厂　　　C. 湖北织布局　　D. 江南制造总局

11. 洋务派创办的第一所新式学堂是（　　　）。

A. 京师同文馆　　B. 京师大学堂　　C. 北京大学　　　D. 清华大学

12. 19世纪70年代中期到80年代中期，洋务派筹建的三支海军是（　　　）。

①南洋海军　②粤洋海军　③北洋海军　④福建海军

A. ①②③　　　　B. ①③④　　　　C. ②③④　　　　D. ①②④

13. 洋务运动开始和结束对应的历史事件分别是（　　　）。

A. 第一次鸦片战争和八国联军侵华战争

B. 第二次鸦片战争和辛亥革命

C. 第二次鸦片战争和甲午中日战争

D. 第一次鸦片战争和甲午中日战争

14. 中国近代洋务派兴办军事工业和民用工业的目的是（　　　）。

A. 发展军事工业，维护"闭关自守"政策

B. 利用西方先进的生产技术，抵制外国侵略

C. 利用西方先进技术，维护清朝统治

D. 利用西方先进技术，发展本国资本主义

15. 洋务派与顽固派的主要分歧在于（　　　）。

A. 维护清朝统治　　　　　　　　　　B. 反对外来侵略

C. 镇压太平天国　　　　　　　　　　D. 学习西方技术

16. 下列事件，按照时间顺序排列正确的是（　　　）。

①安庆内军械所　②创办轮船招商局　③江南制造总局　④开始筹划海防

A. ①②③④　　　B. ①③②④　　　C. ①④②③　　　D. ①④③②

17. 李鸿章主持创办的洋务企业有（　　）。

①江南制造总局　②上海轮船招商局　③汉阳铁厂　④开平煤矿

A.①②③　　　　B.①②④　　　　C.①③④　　　　D.①②③④

18. 下列各项中，与洋务运动无关的是（　　）。

A. 引进西方一些近代生产技术　　　B. 刺激了中国资本主义的发展

C. 建立近代化的国家政治制度　　　D. 对外国经济侵略做了一些抵制

19. 1894年6月，孙中山在《上李鸿章书》一文中，赞赏洋务运动"育才则有同文；裕财源则辟煤金之矿；兴商务则招商轮船，已先后辉映"，又言洋务运动"终因徒袭人之皮毛，而所以犹不能与欧洲颉颃（抗衡）"。上述材料说明洋务运动（　　）。

A. 既有进步性，又有局限性　　　B. 促进了中国民族资本主义的产生

C. 实现了自强、求富的目的　　　D. 是中国历史上第一次近代化运动

20. 洋务运动失败的根本原因是（　　）。

A. 得不到西方列强的支持

B. 顽固派的阻挠和破坏

C. 没有变革封建制度

D. 缺乏一个健全有力的中央领导核心

二、简答题

1. 洋务运动是在怎样的国内外背景下开始的？

2. 洋务事业可以简单归纳为哪几个方面？

3. 列举洋务派创办的军事工业和民用工业各两个。

4. 洋务运动的主张是什么？

5. 洋务派兴办民用企业的方式有哪些？

6. 洋务运动创办的新式学堂主要有哪几种？

7. 洋务运动失败的原因主要有哪些？

8. 洋务运动的进步性体现在哪些方面？

9. 列举洋务派中央和地方代表人物各两名。

10. 怎样评价洋务运动？

项目三　中国的戊戌变法和日本的明治维新

• 实践类型

对比研究

· 实践目标

通过对比研究和讨论，比较中国的戊戌变法与日本的明治维新的异同，进一步认识戊戌变法失败的原因，从而认清中国资产阶级的软弱性和清朝统治集团的腐朽性和顽固性。

· 注意事项

在对比研究的准备过程中，要尽可能全面地收集相关资料；在讨论过程中，要注意活动秩序，听从主持人安排。

· 活动流程

1. 任课教师提前布置任务，说明主题目标及注意事项；主题内容可分为背景对比、内容对比、性质对比、走向对比、影响对比、结果对比、原因对比及对两者的思考等。

2. 将学生分为两组，分别收集戊戌变法和明治维新的内容；选 1 名学生任主持人，任课教师负责全场工作。

3. 活动开始，学生分组入座，主持人声明活动规则，宣布活动开始。

4. 主持人公布讨论主题，如请双方介绍戊戌变法和明治维新的背景，然后双方负责介绍背景的学生依次开始介绍；其他主题内容依次有序展开。

5. 讨论结束，两组代表作最后总结。

6. 任课教师作最后点评总结。

7. 活动结束，两个小组提交讨论总结。

· 实践成果

以小组为单位提交的讨论总结

· 参考资料

戊戌变法和明治维新的结局为何截然不同

东亚的维新运动

1868—1873 年，明治维新为日本开了新时代。"维新"一词取自《诗经》的"周虽旧邦，其命维新"。的确，明治维新是以天皇复辟为名，其实是一次自下而上的夺权，结束了日本德川幕府的"武家"政治。

19 世纪中期，美国培里准将（Matthew C. Perry，1794—1858）率领舰队，进入江户（东京），要求日本开国通商。这次事件，给日本带来了严重的危机意识，其冲击不亚于中国经历的鸦片战争。日本当政的德川政权，无力应付严峻的变局，一群九州长州、萨摩两处大名（藩侯）的藩士发动政变，以"尊王攘夷"的口号，逼迫德川幕府"奉还大政"，将长期形同傀儡的天皇奉为实际的君主。新政权采取全盘西化的政策，改变政府制度，编练新式海军、陆军，振兴企业，将一个仿照中国文化的边陲国家，一变成为东方的西洋国家。

20年后，日本挑战中国在东方的霸权地位，于1895年击败中国新编组的北洋水师，攫取了朝鲜半岛与中国台湾，并获得中国的巨额赔款。日本由此一跃成为殖民帝国，雄张东亚50年。日本于1905年击败俄国，1931年侵略中国的东北，1937年全面侵略中国，1941年年底袭击珍珠港，同时在大陆与海洋作战，希冀建立一个东亚大帝国。这一梦想，终于在1945年的"原爆"蘑菇云下，化为灰烬！

日本倏兴倏亡，是东亚的大劫！但是，19世纪明治维新的成功，曾引发中国的"百日维新"。1898年，清光绪帝在慈禧太后让他亲政之后，援引康有为、梁启超等人，百日之内颁布一连串诏书改动制度，但遭遇守旧人士反对。慈禧太后在袁世凯依附荣禄后，得以运用北洋新军的力量夺回政权，处死维新志士谭嗣同等6人，把光绪囚禁在瀛台。短促的"维新"，转为悲剧！

中、日两国的维新政变，有如此不同的结局，常是近代历史学界探讨的课题。先论两者的相似之处：日本的维新志士是一群外藩的青年藩士，痛感于外来武力威胁及当时德川政权的无能，聚集于吉田松阴（1830—1859）门下，研讨如何救亡图存。同样的情形，一群远在南方的青年人，痛感外患日重，清廷应付无力，群聚于康有为的万木草堂，寻求挽回中国败亡的命运。

日本的九州诸藩，远离关东的幕府权力中心，但又经由对外贸易获得利益及有关西洋事务的知识。长崎一埠，长期有荷兰及西洋商船寄泊，也有西洋人在此居住。源自长崎的"兰学"，是日本学习西洋事务的来源。九州藩士，实是日本最熟谙当世国际事务的人士。在中国方面，澳门于明代被葡萄牙人借居后，明清两代的耶稣会士入华，均由此进出。鸦片战争后，中国割让香港，使香港成为英商及其他外商对华贸易的基地。广州虽偏居南方，但密迩港、澳，于是粤籍人士最易获得西洋事务的知识，也最能深刻痛切地感受到危机。广东虽是中国最富庶省份之一，却又远离清廷的权力中心，其情势与日本九州诸藩相似。

明治是从全无实权的天皇，为维新志士拥戴忽然成为新政的权力象征。光绪被慈禧太后从醇亲王藩邸迎入宫中，继承皇位，长期在太后垂帘的阴影下成长，一旦亲政，锐志改革，希冀中国迅速复兴，遂乾纲独断，完全信任这一批新进文臣。日本是明揭"尊王攘夷"口号，援春秋大义，确立明治维新的合法性。光绪的皇位，也有其合法性，以致慈禧太后尝试废立，终因东南督抚刘坤一等封疆大吏坚持"君臣之分已定，中外之口难防"，阻止了慈禧太后的计划。

戊戌变法与明治维新的差异

以上中日情势的诸项相同处，确使人诧异，为何二者一成一败，竟如此悬殊？而且，其下一步的发展，又使中、日两国的近代历史，走上完全不同途径！此处当试述二者发展过程的差异：

首先，明治天皇与光绪皇帝的处境不同。在"尊王攘夷"的口号下，德川只是篡窃天皇权力的权臣，正主既出现了，德川幕府再难有其合法性。光绪皇帝则是慈禧太后的继子，亲子一伦在伦理差序位阶最高，即使是皇帝也得在亲子关系上垂手。

其次，德川幕府执政之初，遍植亲藩于关东为武家藩屏，但执政日久，那些大藩坐收户额租地，耽于逸乐，已失去战斗力。德川末代将军的部下，也已只见宫廷宠臣，不见武勇之士。于是，九州诸藩挟其实力，要求武家奉还大政，德川实已没有抗拒能力。反之，中国在太平天国之役后，南北诸省都迅速"武化"，尤以大门的直隶总督，手握重兵，举足轻重。戊戌维新时，慈禧太后任命亲信荣禄担任直隶总督，即使谭嗣同当真能够劝动袁世凯支援光绪皇帝，袁军也没有抵抗荣禄的胜算。当时东南督抚，除了湖南巡抚陈宝箴支持维新外，都不做左右袒。光绪缺少有力支援，而慈禧太后则有直督的实力为后盾，是以光绪皇帝处境与明治天皇的形势相比，可谓主客之势完全不同。

更须注意者，日本的藩士乃是依附于封建制度的身份，他们都是藩主的武士，平日聚集在藩主的城堡，本身并没有社会基础。德川幕府手上曾有过重兵，但执政既久，武士已转化为官僚系统中的大小官吏，他们寄生于幕府，却不能动员社会资源支援武家。德川幕府外无强大亲藩的支援，内无有力藩士发动社会力量，其不能自存，已明白可见。普鲁士的乡绅（Junkers）是"在乡军人"，身份与中唐以前的府兵相似。这些乡绅乃是支持重建日耳曼民族主权国家的重要基石。若以日本武士与普鲁士乡绅相比，其最大差别在于武士寄生宫城，不在乡村掌握地方的实力。

中国明清的缙绅，并不具有武士性质，却是地方社区的精英。他们有一定的领导能力，又凭借同族、同寅、同事、戚谊等种种关系，编织为庞大的网络，大则涵盖全国，小则笼罩一乡。缙绅士大夫的向背，在皇朝嬗代、政局转变之际，都有决定性的作用。清代末季，政府执政能力已相当不足，但儒家君臣伦理的强大约束力还在，以致曾国藩在平定太平天国之后，手握重兵，雄踞东南，还是恪守臣节，解散了湘军。这种情势，若不是自下而上的革命，缙绅为主体成分的官僚体系，殆难与虎谋皮，由内部发动翻天覆地的巨大变革。

戊戌维新代表的理念，在当时还有保守与洋务两派思维方式作为选项。保守派如倭仁、王先谦等都坚决相信中国传统方式是"千古不易"的正道，任何学习西洋的改革均是"离经叛道",不宜施行。洋务派如张之洞及大多数督抚,致力购械设厂,希望中国能够有坚船利炮,甚至振兴实业,希望中国能利不外溢,但其理念是"中学为体,西学为用",并不赞成国家制度也转变为西洋模式。这两种主张,在当时是缙绅士大夫的主要思想,持维新改革理念的人反而不占多数。是以,光绪皇帝与康有为、梁启超无法转移庞大的缙绅力量支持维新运动,各省督抚在慈禧太后反扑时大多不声援光绪皇帝,因为他们大多只是持洋务派的观点,还不能接受维新之论。

百日维新的遗产

维新失败,保守分子借用义和团的"本土运动",扶清灭洋,惹起八国联军。大难之后,不少人思想转向改革,清廷才有预备立宪之议,可谓戊戌维新的一段延伸。数年之后,辛亥革命爆发,清廷所谓立宪也成了空话。

从维新到立宪,这次短暂、不全面的清末改革,仅是历史潮流的涟漪。然而,沈家本(1840—1913)奉命改订的清律,移植欧洲大陆法系法典,是近代中国第一个成文法。中华民国的民法、刑法、诉讼法等大致皆不脱沈家本订下的范畴。

中华民国建立后不久,中国陷入军阀混战,全国分崩离析,但排除一些军阀不法行为,大致言之,各地诉讼还是遵循这一部新法律。即使在北洋政权的号令不及之处,北京大理院的判例也还为各处法院引用。

清末改革的另一个成果,是制定了中国近代高等教育的轮廓。京师大学堂的学科规划,是日后各地大学的模式。蔡元培在民国成立后制定的大学制度,基本上只是以此为基础,稍作修改而已。

整体来说,清末的维新只是夭折的努力。若没有辛亥革命,中国循着所谓"立宪"的途径发展,其过程当是取决于社会精英层(旧日缙绅及后来的知识分子),中国后来的走向可能大不相同。历史已是过去,不必再作悬测。倒是日本的明治维新虽然建立了一个现代化的日本,可是从1925年到1936年的"二二六"事件,日本的右派与少壮军人狙杀了五位首相中之三人、三位藏相(财政部部长)中之二人,另有一位首相的兄弟被误认而死于狙击,那位首相侥幸逃过一劫。这些主张和平开放的自由主义政治人物,一个个倒下,日本军人遂控制了日本天皇与政权,形成实质的军阀专政,斩断了日本正在发展的君主宪政。日本遂中风狂走、武力扩张,终于一步步走向战争,也一步一步走向败亡。明治维新是由一群青年藩士推动的,他们的"武士道"本性终于遗留了黩武的行为基因,以致有此历史的转向。中、日两次维新的历史因缘,长程短程都可有不同的理解与诠释。

(资料来源:澎湃新闻网,2018年3月22日,收入本书时略改动)

第三章　辛亥革命与君主专制制度的终结

 历史回顾

辛亥革命前危机四伏的中国社会

　　一场席卷全国的革命大浪潮的到来，如果不具备客观的历史需要，没有深刻的社会背景，任何人都无法凭自己的主观意志把它制造出来。辛亥革命前，中国社会已陷入严重的政治、经济危机之中，危机四伏的社会使得辛亥革命的爆发成为历史的必然。

镜头一：民族危机日益加深

　　鸦片战争后，中国逐步沦为半殖民地半封建社会。19世纪和20世纪相交的时候，这种不断沦落的步伐大大加快了。10年间，在中国土地上接连发生了三场帝国主义国家发动的战争：中日甲午战争、八国联军侵华战争和日俄战争。前两次战争都以清朝政府签订丧权辱国的条约而告终：中国对外赔款将近7亿两白银，比当时全国8年财政收入的总和还多；中国的神圣领土台湾省被日本侵占；列强还取得从北京到山海关的驻军权。而后一次战争竟是两个帝国主义国家在中国东北大地上的相互厮杀，居民惨遭屠戮，庐舍化为灰烬。在此期间，列强还在中国强行划分势力范围，攫取种种特权。中国人痛切地感到国家已面临被瓜分和灭亡的直接威胁。正如陈天华在《警世钟》中所写："要革命的，这时可以革了，过了这时没有命了！"

　　作为中国封建专制统治的政治代表，慈禧太后竭力维护的是"大清王朝"的统治，而这时，"大清王朝"已成为历史前进的绊脚石。对清政府来说，有时为了"朝廷"的利益，可以完全不顾以至牺牲国家民族的利益。八国联军侵占北京后，慈禧太后为了维护"大清王朝"的统治，不仅急于签订丧权辱国的《辛丑条约》，而且竟在煌煌上谕中写下"量中华之物力，结与国之欢心"的话，听凭列强予取予求。既然清朝政府把自己的利益同帝国主义侵略者紧紧联结在一起，那么，民

众自然也就把反对帝国主义的爱国救亡斗争同反对清朝政府紧紧联结在一起。

镜头二：政治骗局大失人心

孙中山和革命派中的不少骨干分子，一开始也曾试图通过和平手段来促使清政府改革。1894年孙中山上书李鸿章，提出一整套改良方案，也是因为他对李鸿章还抱有希望。然而孙中山的热切愿望换来的是李鸿章的冷遇，于是孙中山"知和平之法无可复施"，才最终坚定了革命的决心。

1901年《辛丑条约》签订后，面对革命形势的发展，清政府为了维护其统治，不得不做一些变革，实施所谓"新政"和"预备立宪"。清王朝宣布"预备立宪"时，立宪派曾大喜过望。但清政府公布的《钦定宪法大纲》无非是把君主专制制度以成文的法律形式肯定下来，并加以强化。立宪派发动了颇具规模的请愿运动，要求清政府速开国会和成立责任内阁，尽快转入君主立宪的轨道。但清朝政府不能容忍自己专制权力的任何削弱和丧失，一次又一次拒绝了这种请愿要求。到立宪派准备进行第四次请愿时清政府更是严令禁止，并变本加厉地强化集权统治，成立"皇族内阁"。这使立宪派大为愤怒，梁启超在报刊上撰文痛斥清政府是"祸国殃民之政府"和"妖孽之政府"。清政府的倒行逆施，将越来越多的立宪派人士推向革命方面。

镜头三：内部矛盾愈演愈烈

清政府内部满汉权贵之间、汉族官僚集团之间、中央与地方之间的矛盾愈演愈烈。清军入关之后，虽然极力笼络汉族官员，但骨子里是把汉人当奴才看待的。清朝统治者对汉人军队的崛起充满猜忌心理。袁世凯任直隶总督兼北洋大臣，练成北洋六镇新军后，权势炙手可热，实力迅速膨胀，使得皇族亲贵集团深有猛虎酣睡于卧榻之旁的忧虑。1908年光绪皇帝、慈禧太后相继死后，3岁的溥仪入继皇位，其父醇亲王载沣监国摄政。载沣妄图回归到建立清朝皇族私家军队的旧轨，他以袁世凯有足疾为名，勒令袁世凯回河南彰德养病，随即宣布成立禁卫军，由他统率，同时代皇帝为全国陆海军大元帅，并成立陆海军联合参谋机构军谘处，派满族大臣主持建军事务，任命大量满族子弟出任新军中高级将领。这引起了汉族官僚、军阀的不满和怨恨，他们对清王朝更加离心离德。

镜头四：社会经济全面崩溃

辛亥革命前夜，社会经济也到了崩溃的边缘。清政府支付赔款主要采取两个办法：一是向各省分摊，二是回过头来再向列强寻求高息借款。对于前一种办法，1904年，18名各省的督抚和将军曾联名给朝廷上书称："各省分派赔款为数甚巨……种种筹款之法，历年皆经办过，久已竭泽而渔；若再痛加搜刮，民力既不能堪，赔款仍必赔误……总之，无论如何筹捐，无非取之于民。当此之时，民心为国家第一根本，以民穷财尽之时，倘再竭力搜刮追呼，以供外国赔款，必然内怨苛政，外愤洋人，为患不堪设想。"这份出自统治集团内部的奏折，用了"竭泽而渔""民穷财尽""竭力搜刮""苛政""为患不堪设想"等与革命派揭露他们的语言非常相近的词句，可见经济状况恶化的严重程度。清政府的后一种办法，实际上也要通过向各省摊派来支付巨额借款利息。革命派一语道破了这种恶性循环的后果："广借外债，浪费无纪，息浮于本，积重如山。犹不知警惧，任令疆臣各自募借，其所开销复无清算，收入愈多，亏空愈大……循此以往，国力将敝。"1900—1911 年，清政府举外债高达白银 3.4 亿两，其中铁路借款占 76.86%，财政军火借款占 14.66%。1903 年清政府财政收入 10492 万两白银，支出 13492 万两，亏空 3000 万两，赤字比 1900 年以前增加一倍以上。1910 年，清政府预算支出亏空达 4169 万两。为了解决财政困难，清政府把大量赔款、偿外债转嫁给地方，把经济危机引向整个社会，加重田赋、厘金等旧税的税收，并且增添了五花八门的新税，这无疑是一种自掘坟墓的手段，最终把民众逼到造反的路上。

镜头五：大厦将倾民变四起

20 世纪初，清朝政府统治下的中国社会，百业凋敝，民不聊生。江西道监察御史叶芾棠在给朝廷的奏折中写道："士为四民之首，近已绝无生路，农、工终岁勤动，难谋一饱，商贾资本缺乏，揭借者多，获利维艰，倒闭相望。城市村落，十室九空，无业游民居其大半，弱者转于沟壑，强者流为盗贼，土匪蠢动，此灭彼兴。民不聊生，何堪搜刮。加以各省水旱蝗蝻，哀鸿遍野，徐、海饥民数百万，遮蔽江、淮，困苦流离，生无所赖。万一揭竿并起，滋蔓难图……大患岂堪设想。"民众无法生活下去，抗捐抗税、抢米风潮、会党与农民起义等遍布全国城乡，连绵不断。据不完全统计，1902—1911 年，全国各地此起彼伏的大规模民变多达 1300 余起。它削弱了清政府的统治，为辛亥革命的爆发创造了客观的社会环境和群众基础。到辛亥革命前夕，人们对清朝政府的种种不满和愤怒愈加发展，就连外国人也看出来了。长沙关税务司伟克非在给总税务司安格联的信中写道："毫无疑问，大多数老百姓是希望换个政府的，不能就说他们是革命党，但是他们对于推翻清朝的尝试是衷心赞成的。""我看在不久的将来，一场革命是免不了的，现在已经公开鼓吹革命，并且获得普遍的同情，而政府并没有采取任何预防措施，却尽在瞎胡闹。"当时的清政府，正如孙中山所形容的："可以比作一座即将倒塌的房屋，整个结构已从根本上彻底地腐朽了，难道有人只要用几根小柱子斜撑住外墙就能够使那座房屋免于倾倒吗？"革命形势已经成熟。

（资料来源：宋婷婷、王曼青《中国近现代史纲要学习辅导用书》，

哈尔滨工业大学出版社 2015 年版）

项目一 我心目中的孙中山

• 实践类型

主题演讲

• 实践目标

通过收集资料和主题演讲，增加学生对孙中山的认知和思考，进而能够对孙中山和辛亥革命作出正确的评价，明白看待和评价历史人物要全面客观，深刻体会辛亥革命的艰辛和失败的必然。

• 注意事项

演讲稿要简洁精练，逻辑清晰，观点明确，富有感染力。演讲前，可在课下多练习几遍，熟悉演讲稿、把握演讲进度，提升演讲时的信心；演讲时，注意情绪和语气的掌控，吐字清晰，精神保持放松；演讲内容要以真实历史事件为依据，不可自己编造故事，可举一个或多个例子，但要注意时间不宜过长。

• 活动流程

1. 任课教师提前布置任务，给大家充足的准备时间；选定 1 名主持人，负责活动的策划、组织和实施。

2. 每 5 人分为 1 组，各小组确定要举的例子，小组成员分工合作：收集资料、撰写演讲稿、练习演讲、准备评语。

3. 演讲开始，各小组各派出 1 名代表依次进行演讲，每人 3 ～ 5 分钟。

4. 1 名学生演讲完之后，该小组成员对该故事人物进行评价，每人 1 ～ 2 分钟。

5. 全部演讲完毕，学生以小组为单位自由讨论，评选表现出色的小组。

6. 各小组组长进行总结，选出表现出色的小组。

7. 活动结束，各小组提交活动总结。

8. 任课教师作最终评价及总结。（100 分）

（1）资料收集丰富，准备工作充分。（20 分）

（2）演讲稿内容逻辑清晰，贴合主题，依据真实。（20 分）

（3）演讲情绪、语气到位，进度把握适当，感染力强。（30 分）

（4）小组总结客观、到位、深刻，有自己的看法和见解。（30分）

• **实践成果**

以小组为单位提交的活动总结

• **参考资料**

活动评价表

序号	评价项目	得分	教师评语
1	资料收集、准备情况		
2	讲稿内容		
3	演讲表现		
4	总结内容		
小组：_____	总分：_____		

孙中山：中华民族伟大复兴中国梦的践行者

实现中国梦是一个长期的奋斗过程，需要中华民族不懈奋斗，共同努力。孙中山向积贫积弱的旧中国宣扬三民主义，唤醒了近代中国人，指引中华民族抗击侵略者。他创立中华民国，引领民众对世界的探索和认识，要使公平、正义、自由、平等、民主和法治等理念，成为每一个人生来就有的权利。如今，三峡大坝、青藏铁路……一项项举世闻名的现代化建设从预言到现实，见证着新常态下"中国梦"实现的奇迹。

践行"中国梦"道路上最不应被忘记的人

11月12日，当我们共同怀揣并努力实现中华民族伟大复兴的中国梦时，我们更不应当忘记孙中山先生。孙中山在病危之中，仍念念不忘拯救中国、拯救民众。当时的中国处于军阀割据混战、四分五裂的状态。"革命尚未成功，同志仍须努力"成为激励所有中华儿女为之奋斗的铮铮誓言。从《建国方略》《建国大纲》《三民主义》到《第一次全国代表大会宣言》，孙中山把希望寄托于"唤起民众"，强烈的爱国之心怎能让人忘记？

他提倡改革与开放。孙中山在《家事遗嘱》中写道：中国从前之不变，因人皆不知改革之幸福，以为我中国的文明极盛，如斯而足，他何所求。党的十八大后，我们紧紧围绕在以习近平同志为核心的党中央周围，按照"五位一体"总体布局和"四个全面"战略布局，牢固树立创新、协调、绿色、开放、共享的发展理念，坚持城市工作"五个统筹"，率先全面建成小康社会。全面深化改革成为当下中国发展的大政方针，也是践行中国梦的重要抓手。两位领导人，共同描绘着同一个"中国梦"。

他提倡三民主义。在奋斗过程中，孙中山希望通过三民主义的推行与实践，实现国家富强乃至实现世界大同的目标。民族主义、民权主义、民生主义成为实现民族解放与国家独立的精神力量。如今，国家已经确定"两个一百年"的奋斗目标，同孙中山时代相比，在环境、条件、任务、力量等方面有一些差异甚至有很大不同，但都是具有开创性、艰巨性、复杂性的事业。我们纪念孙中山诞辰150周年，也是一种宣誓：要夺取坚持和发展中国特色社会主义伟大事业新进展，夺取推进党的建设新的伟大工程新成效。

他主张恢复民族精神。他看到中国的落后面貌，为中国只有家族和宗族的团体而痛心疾首，没有民族的精神，"是一片散沙"，如果再不留心提倡民族主义，结合四万万人组成一个坚固的民族，中国便有亡国灭种之忧。孙中山大力推行民族主义，用民族精神来拯救中国。当前，我们大力弘扬社会主义核心价值观，也是为了更好地宣扬民族精神。基层党组织在推动社会主义核心价值观培育和践行方面，更要发挥民族精神的引领作用，筑牢社会和谐的精神纽带，打牢党执政的思想根基。

践行"中国梦"值得海峡两岸共同怀念的人

我们纪念孙中山先生，就是在海峡两岸共圆中华民族伟大复兴的中国梦。实现中华民族伟大复兴，实现国家富强、民族振兴、人民幸福，让人民充满获得感，是一代又一代中国人的夙愿。中国梦与台湾的前途是骨肉相连、息息相关的。中国梦是两岸同胞共同的梦，需要大家一起来圆梦。两岸同胞要相互扶持，不分党派、不分阶层、不分宗教、不分地域，都参与到民族复兴的进程中来，让我们共同的中国梦早日成真。

2016年11月1日，习近平总书记在北京人民大会堂会见洪秀柱主席率领的中国国民党大陆访问团。习近平总书记强调，2016年是孙中山先生诞辰150周年。孙中山先生是伟大的爱国者，他第一个响亮喊出了"振兴中华"的口号。现在，孙中山先生振兴中华的理想展现出前所未有的光明前景。两岸关系发展、台湾同胞前途系于中华民族伟大复兴。两岸同胞都是民族复兴的参与者、推动者、获益者。

两岸同胞虽然隔着一道海峡，但命运从来都是紧紧连在一起的。两岸同胞一家亲，根植于同胞共同的血脉和精神，扎根于我们共同的历史和文化。8月27日，笔者前往中国台湾省新北市，在由《旺报》主办的2016第一届两岸青年创业论坛上，鼓励台湾青年创业一定要回到经济发展的"初心"，重塑老一代企业家的创业精神，专注于为经济发展的创业，增加两岸经济、文化交流，构建一个有创新、创意和创业精神的社会，为实现中华民族伟大复兴的"中国梦"而共同努力。

两地青年的交流、互动，是两岸同胞的共同心愿，没有什么力量能把我们割裂开来。我们纪念孙中山诞辰150周年，纪念孙中山先生追求真理的开拓进取精神和矢志不渝的爱国主义情怀，纪念他天下为公的博大胸怀和放眼世界的开放心态，纪念他生命不息、奋斗不止的坚强意志和鞠躬尽瘁、死而后已的高尚品德。新常态下，孙中山留给中华民族的宝贵精神和遗产，值得海峡两岸人民共同继承和发扬光大。

在践行"中国梦"的道路上，海峡两岸携手共进，一起圆梦。在孙中山著述的《建国方略》与《实业计划》中，关于铁路运输建设、港口商埠建设、河流治理建设、矿业建设、工业建设与民生发展等多方面的具体建设设想正在一步步实现。孙中山为中国的现代化绘制了最初的蓝图，在他的精神照耀下，几代中国人的努力与执着，让我们离实现中国梦越来越近，并远远超越了他所处时代的视野与设想。

孙中山先生一生奔走革命，真正做到鞠躬尽瘁，为国为民奋斗终身。如今，我们纪念孙中山诞辰150周年，纪念为梦想奋斗的中国人，这让我们国家有了基础，充满希望。我们研究、继承、弘扬孙中山的思想和精神，促进两岸对话与交流，有利于实现中华民族的统一与振兴。我们将孙中山的思想和精神发扬光大，实现孙中山"天下为公""天下大同"的崇高理想，也就是实现中华民族伟大复兴的中国梦。

（资料来源：宣讲家网，2016年11月11日）

项目二 革命与改良

• 实践类型

主题辩论

• 实践目标

通过进行主题辩论活动，扩展学生的知识面，增强学生的团队合作意识，提高学生的语言表达能力；进一步加强对革命派和改良派各自观点的了解与认识，深化课堂理论教学相关内容，确保教学目标的实现。

· 注意事项

辩论主题：要不要以革命手段推翻清王朝、要不要推翻帝制实行共和、要不要进行社会革命（任选其一，但正反方的主题要一致）；辩论过程中，要注意言辞语气、行为举止不宜过激；场上辩手要遵守规则，禁止抢话或发言超时；发言内容要贴合主题，不要跑题；发言要以事实为依据，逻辑清晰，言简意赅。

· 活动流程

1. 任课教师提前布置活动任务，介绍辩论规则及注意事项，并要求学生提前就辩题作准备，全班开会确定最终辩论主题（三选一）。

2. 选定1名主持人兼任计时员，拟定活动方案，包括活动时间、地点、评选方法和程序，协助任课教师选定评委、制定奖励方法。

3. 抽签决定正、反方。正方观点：要以革命手段推翻清王朝、要推翻帝制实行共和、要进行社会革命；反方观点：不能以革命手段推翻清王朝、不能推翻帝制实行共和、不能进行社会革命。

4. 辩论团队内部选出4人组成辩论小组，其余学生作为智囊团，为本方辩论团队收集资料，写1500字左右的辩论稿，供辩论小组参考。

5. 学生以正、反方分区就座，4人辩论小组在辩论桌前就座，评委就座，任课教师作为公证人就座，主持人宣布本次辩论的主题、基本要求并简单介绍正反两方辩手及评委。

6. 立论阶段：辩论开始后，由双方一辩开始立论陈词，亮明本方观点。每方陈述时长不超过3分钟。

7. 驳立论阶段：双方一辩陈述完毕后，由正方二辩和反方二辩分别反驳对方立论，每方时长为3分钟。本阶段，双方二辩除对对方的立论环节进行反驳外，还可以补充和拓展本方的立论观点，巩固本方立场。

8. 质辩阶段：由双方三辩分别向对方一、二、四辩提出一个问题，然后由对方一、二、四辩回答。每方时长不超过3分钟。

9. 自由辩论阶段：由正方先开始发言，然后自由发言。发言者可以向对方提问，也可以直接表达自己的观点。无论是辩手还是其他同学都可以参与。整个阶段时长不超过20分钟。

10. 总结陈词阶段：由双方四辩分别作出最后的总结陈词，总结本方观点，阐述最后的立场。每方时长不超过3分钟。

11. 任课教师对本次辩论作出点评总结，并给表现出色的同学颁发奖品。同时要求每名同学将本次主题辩论会的感悟写成小结上交。

- **实践成果**

学生提交的主题辩论会感悟

- **参考资料**

辩论会情况点评表

辩方	分工合作	遵守规则	贴合主题	逻辑清晰	教师总结
正方					
反方					

革命派与改良派的辩论背景

在资产阶级革命思潮广泛传播、革命形势日益成熟的时候，康有为、梁启超等人坚持走改良的道路，反对用革命手段推翻清朝统治。1905—1907年，围绕中国究竟是采取革命手段还是改良方式这个问题，革命派与改良派分别以《民报》和《新民丛报》为主要舆论阵地，展开了一场大论战。论战涉及的范围很广，主要有三个方面。

要不要以革命手段推翻清王朝

改良派竭力为清政府的民族和阶级压迫政策辩护，宣扬清圣祖康熙皇帝的薄税政策不仅为"中国数千年所无，亦为地球万国古今所未有"；声称在清朝统治下，"举国人民其在法律上本已平等，无别享特权者"，因此民族革命是完全不必要的。革命派以大量事实揭露清朝统治者施行的种族压迫、奴役及歧视政策，强调救国必先反清排满，除异族政府，他们控诉清政府卖国媚外的罪行，强调欲救中国，免除民族灾难，只有坚决推倒清朝专制政府，指出"满洲去，则中国强"。针对改良派曲解革命派"排满"口号是"种族复仇"的谬论，革命派申明"排满"只是"仇一姓""不仇一族"，种族革命并非尽杀满族数百万之众，而是"倾覆其政府，不使少数人扼我主权，为制于上之谓也"，明确把满族平民与满洲贵族区分开来，将打击矛头指向封建统治者。

要不要推翻帝制实行共和

改良派从本阶层的利益出发，反对共和革命论，鼓吹"渐进论"，说封建专制必须经过君主立宪阶段才能实行民主共和；借口"民智未开"，诬蔑中国人民"既乏自治之习惯，又不识团体之公益"，根本没有享受民主的权利、当"共和国民之资格"，宣扬这种资格只有在开明专制时代和君主立宪时代才能养成。革命派对此进行了有力的驳斥，指出：事物的发展总是后来居上，当世界上已经有了先进的民主制度，在革除专制建立共和国又已成为大势所趋、人心所向的历史条件下，一个落后的国家在民族革命之后，必然要选取先进的民主制，无须再经过君主立宪的阶段。认为：说"中国之民族，贱民族也，只能受压制，不能与以自由"，"吾民族万古不能有能力，惟宜永世为牛马为奴为隶者"云云，是帝国主义和民贼的语言，是对中国人民的极大诬蔑。因为"疾专制，乐自由，为人类之天性"，是人人具有的，而"以一人擅神圣不犯之号，以一姓专国家统治之权，以势以情，殆皆不顺"。正是这种制度把中国引向世界劣败之林。且人民群众的智慧是在斗争中发展的，在革命时代群众民主主义觉悟的提高是十分迅速的。改良派强调中国"民智未开"不能行共和，只能行专制，实际是继续贩卖"君权神授"的传统观念，究其目的不过是"巩固万世不替之皇基"罢了。

要不要进行社会革命

改良派为维护封建土地所有制，反对"平均地权"，说中国的封建经济制度与欧洲不同，既无贵族压制，土地又极为平均，而且"赋税极轻"，即使将来工业发展了，也不会造成欧美那样的"贫富相悬"的社会现象，因此进行"社会革命"是完全不必要的，同时又说地主占有大量土地，都是由"劳动"或"节约"而来；社会经济的发展，"实起于人类之利己心"，私有财产制度的存在，在历史上有其必然性，不能"蔑弃"，是"现社会一切文明之源泉"。实行"平均地权""土地国有"，就是"掠夺人民勤劳之结果"，打击人们从事生产的积极性，"推翻现社会之根柢"。他们声言对其他问题尚可让步，对改变土地制度问题，"则寸毫不能让"。革命派虽然对封建制度缺乏本质的认识，断言中国尚未出现欧美那样的"贫富悬隔"的现象，却鲜明有力地予以回击，指出："社会革命"的原因，是社会经济组织的"不完全"，是"放任竞争绝对承认私有财产制"造成贫富悬隔所引起的。虽然从中国的具体状况来看，马上"绝灭竞争废去私有财产制"是不现实的，但"加之制限与为相对的承认"则是必要的。有的针对改良派的指责明确地回答："知吾国经济现象之不足恃，而当消患未然者，则社会革命不必行之说破；知国家为大地主大资本家（指实行土地国有和节制资本），而外资无足忧者，则社会革命不可行之说破；知国有土地主义，其定价买收方法更无驳论者，则社会革命不能行之说亦破。"个别激进者甚至指出，中国的社会经济制度并非完美无缺，而是弊病百出，其主要表现是土地集中于少数人之手，由此才造成人民的极端贫困。认为，"土地者，一国之所共有也，一国之地当散之一国之民"，否则就必然造成"地权之失平"以及"人权之失平"，所以"必尽破贵贱之级，没豪富之田，以土地为国民所共有，斯能真合于至公"。同时进一步指出，中国既然存在着这种不平等的制度，一旦采取大机器生产，就一定会产生西方资本主义国家那种"富者资本骤增，贫者日填沟壑"的现象。为预防这种弊病的产生，就必须在进行民族革命、政治革命的同时，实行社会革命，具体办法是消除私人对"天然生产力"即土地的占有，把土地收归国有。

（资料来源：姚群民、余守萍、甘培强《中国近现代史纲要实践教程》，南京大学出版社2017年版，收入本书时有改动）

项目三　我身边的辛亥革命

· 实践类型

社会调查

· 实践目标

通过对学校所在地与辛亥革命有关的人和事进行调查，不仅可以让学生更好地了解当地与社会、与时代、与大众同呼吸、共命运的早期斗争历史，还可以利用本地资源，将学党史、学英烈的教育与大学生思想道德教育结合起来，增强大学生的奉献意识、责任意识、自律意识，引导大学生树立正确的世界观、人生观、价值观和荣辱观，培养高尚的道德情操。

· 注意事项

事先对调查内容有所了解，在网上查阅收集一定的资料，立题就会事半功倍，还要紧密结合课本知识；要对调查的目的地有所了解，要事先沟通好，听取一线人员的建议；注意调查方法，要深入群众中间，深入基层去，并且多向老年人请教；在活动过程中要注意人身安全。

· 活动流程

1. 任课教师宣布实践内容，明确本次实践活动的要求及所要达到的预期效果。

2. 将学生分为若干小组。小组成员要有明确分工，各司其职，相互配合。

3. 各小组根据本次实践的基本要求，确定具体选题，制订实践方案。方案经任课教师审核通过后方可实施。

4. 各小组选取学校附近的地方进行实地访问调查，询问当地关于辛亥革命的人和事，每个小组要选1名学生做好采访记录。

5. 调查结束，每组撰写调查报告1份，调查报告应附带原始采访记录及采访过程的图片。

6. 返校后，各小组推选小组代表进行课堂汇报。

7. 任课教师依据各组实践活动成果进行点评，并对实践活动中集中存在的问题进行分析和纠正。

8. 任课教师对本次调查进行活动总结。

• 实践成果

小组提交的调查报告，须附带小组各成员的心得体会

• 参考资料

调查报告的写作方法

调查报告的写作，一是要熟悉调查报告的结构特点；二是要把握调查报告的写作程序。

一、调查报告的结构

一般来说，调查报告的内容大体有：标题、导语、概况介绍、资料统计、理性分析、总结和结论或对策、建议，以及所附的材料等。由此形成的调查报告结构，包括标题、导语、正文、结尾和落款。

1.标题

调查报告的标题有单标题和双标题两类。所谓单标题，就是一个标题。其中又有公文式标题和文章式标题两种。公文标题由"事由＋文种"构成，如《浙江省农村中学语文教学情况的调查报告》。文章式标题，如《××市的校办企业》；还有标明作者通过调查所得到的观点的标题，如《调整教育政策，增加教育投入》。所谓双标题，就是两个标题，即一个正题、一个副题，如《为了造福子孙后代——××县封山育林调查报告》。

2.导语

导语又称引言。它是调查报告的前言，简洁明了地介绍有关调查的情况，或提出全文的引子，为正文写作做好铺垫。常见的导语有：①简介式导语。对调查的课题、对象、时间、地点、方式、经过等作简明的介绍。②概括式导语。对调查报告的内容（包括课题、对象、调查内容、调查结果和分析的结论等）作概括的说明。③交代式导语。即对课题产生的由来作简明的介绍和说明。

3.正文

正文是调查报告的主体。它对调查得来的事实和有关材料进行叙述，对所作出的分析综合进行议论，对调查研究的结果和结论进行说明。正文的结构有不同的框架。①根据逻辑关系安排材料的框架有：纵式结构、横式结构、纵横式结

构。这三种结构，以纵横式结构常为人们采用。②按照内容表达的层次组成的框架有："情况—成果—问题—建议"式结构，多用于反映基本情况的调查报告；"成果—具体做法—经验"式结构，多用于介绍经验的调查报告；"问题—原因—意见或建议"式结构，多用于揭露问题的调查报告；"事件过程—事件性质结论—处理意见"式结构，多用于揭示案件是非的调查报告。

4. 结尾

结尾的内容大多是调查者对问题的看法和建议，这是分析问题和解决问题的必然结果。调查报告的结尾方式主要有补充式、深化式、建议式、激发式等。

5. 落款

调查报告的落款要写明调查者——单位名称和个人姓名，以及完稿时间。如果标题下面已注明调查者，则落款时可省略。

二、调查报告的写作程序

调查报告写作要经过以下五个程序：

1. 确定主题

主题是调查报告的灵魂，对调查报告写作的成败具有决定性作用。因此，确定主题要注意：报告的主题应与调查主题一致；要根据调查和分析的结果，重新确定主题；主题宜小，且宜集中；与标题协调一致，避免文题不符。

2. 取舍材料

对经过统计分析与理论分析所得到的系统的完整的"调查资料"，在组织调查报告内容时仍需精心选择，不可能也不必都写进报告，要注意取舍。如何选择材料呢？①选取与主题有关的材料，去掉无关的、关系不大的、次要的和非本质的材料，使主题集中、鲜明、突出；②注意材料点与面的结合，材料不仅要支持报告中某个观点，而且要相互支持，形成面上的"大气"；③在现有有用的材料中，要比较、鉴别、精选材料，选择最好的材料来支持作者的意见，使每一份材料都能以一当十。

3. 布局和拟定提纲

这是调查报告构思中的一个关键环节。布局就是指调查报告的表现形式，它反映在提纲上就是文章的"骨架"。拟定提纲的过程实际上就是把调查材料进一步分类、构架的过程。构架的原则是："围绕主题，层层进逼，环环相扣"。提纲或骨架的特点是它的内在的逻辑性，要求必须纲目分明、层次分明。

调查报告的提纲有两种，一种是观点式提纲，即将调查者在调查研究中形成的观点按逻辑关系一一列写出来。另一种是条目式提纲，即按层次意义表达上的章、节、目，一条一条地写成提纲。也可以将这两种提纲结合起来使用。

4. 起草报告

这是调查报告写作的行文阶段。要根据已经确定的主题、选好的材料和写作提纲，有条不紊地行文。写作过程中，要从实际需要出发选用语言，灵活地划分段落。

在行文时要注意：①结构合理（标题、导语、正文、结尾、落款）；②报告文字规范，具有审美性与可读性，如"制定优惠政策，引进急需人才"，"运用竞争机制，盘活现有人才"（文章段落的条目观点）；③通俗易懂。注意对数字、图表、专业名词术语的使用，做到深入浅出，语言具有表现力，准确、鲜明、生动、朴实。

5.修改报告

报告起草好以后，要认真修改。主要是对报告的主题、材料、结构、语言文字和标点符号进行检查，加以增、删、改、调。在完成这些工作之后，才能定稿向上报送或发表。

（资料来源：百度文库，2020 年 4 月 20 日）

从五四运动到新中国成立

中　编

(1919—1949)

综 述 翻天覆地的三十年

 历史回顾

那一场震撼世界的伟大革命：
俄国十月革命及其对中国的影响

1917 年 11 月 7 日（俄历 10 月 25 日），一场划时代的伟大革命——十月社会主义革命在世界上领土面积最大的国家俄国发生。领导这一革命的是以列宁为首的俄国布尔什维克党。

"十月革命一声炮响，为中国送来了马克思列宁主义。"毛泽东的这一经典论述既指出了十月革命的划时代意义，也揭示了十月革命与中国革命的密切联系。这句话高度概括了真实的历史，在中国人民的心中已经生根发芽。但是近些年来，质疑和否定十月革命的杂音时有鼓噪，产生了混淆视听、误导群众的不良影响。如有人说十月革命"仅是一次人类历史上的大实验，整个说来，这一实验基本上失败了"；有人说十月革命通过武装斗争和暴力革命夺取政权的道路是错误的，只有民主社会主义才能救中国……种种奇谈怪论，甚嚣尘上。

那么，这一革命是怎样发生的？它的标志性进程及伟大意义是什么？它对中国究竟产生了怎样的影响？能否正确认识这些问题，关系到能否正确认识十月革命后中国人民逐步作出的新的历史性选择——马克思主义、中国共产党和社会主义道路。

"亘古未有的大战"与十月革命的发生

众所周知，从世界历史看，19 世纪末 20 世纪初，西方发达国家开始从自由资本主义阶段进入垄断资本主义——帝国主义阶段。到 19 世纪末，世界已被资本主义各国瓜分完毕，于是它们为争夺殖民地，开始了重新瓜分世界的斗争。在这种情况下，1914 年 8 月，"亘古未有的大战"——第一次世界大战爆发。战争主要在同盟国（德国、奥匈帝国、意大利）和协约国（英国、法国、俄国和塞尔维亚）之间展开。这场战争席卷了世界上 30 多个国家，卷入的人口达 15 亿，伤亡总人数逾 2800 万。其前后持续了 4 年多，至 1918 年 11 月 11 日（德国正式投降）

结束。

第一次世界大战与俄国十月革命的发生密切相关。因为，在这场战争中，作为协约国之一的沙俄，其军队屡遭惨败，许多地区被德军占领，生灵涂炭。正是在这一背景下，1917年2月25日，彼得格勒30万左右的工人举行政治总罢工。2月27日，布尔什维克党中央委员会发表《告全体俄国公民书》，号召人民：推翻沙皇制度，成立工兵代表参加的临时革命政府，建立民主共和国；制定保护人民权利和自由的临时法令，镇压反革命；没收皇室、教会和地主土地，实行八小时工作制；联合各交战国人民，立即制止帝国主义战争。

但是，由于当时无产阶级的觉悟性不高和组织性不够，由于孟什维克和社会革命党人对资产阶级奉行妥协路线，至1917年3月初，俄国出现了两个政权并存的错综复杂的局面。一个政权是"正式的政府"——资产阶级临时政府，它拥有社会中上层的支持，是资产阶级专政；另一个政权是彼得格勒苏维埃，它是革命群众的阶级组织，拥有一定的实力，行使一定的政权职能，是工人、农民的革命民主专政。

俄国资产阶级临时政府决心继续进行战争，这就不能不遭到人民群众特别是工农群众的反对。因此，二月革命后，资产阶级临时政府的统治频频出现危机。7月4日，该政府在彼得格勒制造了镇压游行示威工人的"七月流血事件"。随后，他们大肆迫害布尔什维克党人，包括下令逮捕列宁等布尔什维克党的领袖。正是在这种情况下，近4个月后，十月革命爆发。

十月革命具有伟大的意义：第一，它开辟了世界无产阶级社会主义革命的新时代，建立了一条从西方无产者经过俄国革命到东方被压迫民族的、新的反对世界帝国主义的革命战线。第二，它扩大了民族问题的范围。即把民族问题从欧洲反对民族压迫的斗争的局部问题，变为各被压迫民族、各殖民地及半殖民地人民从帝国主义侵略压迫之下解放出来的总问题。第三，它给世界被压迫民族和人民解放事业，开辟了广大的可能性和现实的道路，极大地促进了世界革命的进程。

十月革命后，1919年3月4日，列宁领导的共产国际在莫斯科成立。30个国家的共产党或左派社会团体的代表出席了大会。共产国际建立后，积极帮助包括中国在内的一些国家的先进分子创建共产党。在此期间，1922年12月30日，俄国、乌克兰、白俄罗斯和外高加索联邦共同组成了苏联（全称为苏维埃社会主义共和国联盟）。在此前后，亚洲、非洲、拉丁美洲人民反对帝国主义压迫的民族解放运动或民族民主革命运动，开始进入一个新阶段。

从深层次上认识十月革命对中国的影响

十月革命作为人类历史上一种崭新的革命，对中国的影响是巨大而深远的。

第一，它削弱了国际帝国主义的力量，直接援助了中国人民的反帝斗争；从多方面促进和加强了中国革命与世界各国人民革命斗争的国际联合，使中国革命有了前所未有的国际援助。十月革命的直接打击目标是俄国资产阶级临时政府，而俄国资产阶级是国际帝国主义的重要组成部分。十月革命推翻了这个阶级的统治，也就直接减轻了外国帝国主义侵略势力对中国人民反帝斗争的压力。特别是十月革命后，苏俄政府对被压迫民族采取了和平、友好的政策，极大地鼓舞和增强了中国人民进行反帝斗争的信心和勇气。固然，十月革命后，在新的时代条件下，中华民族和中国人民面临的最大压迫，仍然是帝国主义的民族压迫，中华民族和中国人民面临的反帝斗争任务仍然十分艰巨。但是，由于十月革命建立了一条新的反对世界帝国主义的革命战线，因此，十月革命后，中国人民的革命斗争就不是孤立的了，而是同世界人民反对国际帝国主义的斗争连在一起，这是一个十分重大的变化。

第二，十月革命促使中国产生了一批具有初步共产主义思想的知识分子，他们开始学习、研究和宣传马克思主义，这就为马克思主义中国化的开启准备了最重要的条件。我们知道，马克思主义中国化的实质，是把马克思主义的基本原理与中国革命的具体实际相结合。而如果没有对马克思主义的学习、研究和宣传，人们就难以知道什么是马克思主义，因而也就谈不上把马克思主义与中国革命的具体实际相结合，马克思主义中国化当然也就无从谈起。

从十月革命后的情况看，学习、研究和宣传马克思主义，是以李大钊、陈独秀为代表的中国先进分子所着力倡导并身体力行的。1919年9月，李大钊在《我的马克思主义观》（1919年9月，该文第1～7节在《新青年》第6卷第5号上发表）一文中的相关论述，很有代表性。他指出：马克思主义"为世界改造原动的学说"，从而肯定了马克思主义具有普遍的指导意义。也正因为如此，李大钊告诉大家："'马克思主义'既然随着这世界的大变动，惹动了世人的注意，自然也招了很多的误解。我们对于'马克思主义'的研究虽然极其贫弱，而自一九一八年马克思百年纪念以来，各国学者研究他的兴味复活，批评介绍他的很多。我们把这些零碎的资料，稍加整理，乘本志出'马克思研究号'的机会，把他转介于读者，使这为世界改造原动的学说，在我们的思辨中，有点正确的解释，吾信这也不是绝无裨益的事。"

在李大钊的大力倡导下，一批先进的知识分子，通过组织社团、创办刊物、开设课程、创办工人夜校等，开始了对马克思主义的学习、研究与宣传。如1918年4月，毛泽东、蔡和森等在湖南长沙组织成立了新民学会，它是我国五四运动前后影响最大的一个革命团体及湖南传播马克思主义和反帝反封建的中心；1919年9月，周恩来、马骏等在天津组织的青年学生的进步社团——觉悟社，成为天津传播马克思主义和反帝反封建的中心；五四运动前后，恽代英、林育南等在湖北组织了互助社、利群书社和共存社等进步团体，传播马克思主义。从1919年起，李大钊先后在北京大学、北京女子高等师范学校、朝阳大学等学校开设有关马克思主义理论的课程，不遗余力地向在校学生宣传马克思主义学说；1920年3月31日，李大钊在北京大学秘密发起组织马克思主义研究会，以研究和宣传马克思主义的著述为主要目的。

可以说，李大钊、陈独秀等中国先进分子对学习、研究和宣传马克思主义的倡导及其身体力行，为中国的马克思主义思想运动指示了正确的方向，这对实现马克思主义中国化具有长久、深远的指导意义。

第三，在马克思主义与中国工人运动相结合的进程中，中国先进分子创建了中国工人阶级的先锋队——中国共产党。这是中华民族发展史上开天辟地的大事变。马克思主义认为，工人阶级政党的产生，需要具备"工人运动与社会主义的结合"这一基本条件。十月革命后，随着马克思主义在中国的传播，一批具有初步共产主义思想的先进分子，即逐步开始运用马克思主义观察和分析世界的和中国的问题。

1918年11月和12月，李大钊先后写作了《庶民的胜利》和《Bolshvism的胜利》两文，并都发表在1919年1月的《新青年》第5卷第5号上。同月（元旦），他在《每周评论》第3号上发表了《新纪元》一文。从这3篇文章中，我们已能清晰地看出李大钊运用历史唯物主义观点对第一次世界大战及十月革命作出的科学分析与评介。他指出："原来这回战争的真因，乃在资本主义的发展"；"是资本家的政府想靠着大战，把国家界限打破，拿自己的国家做中心，建一世界的大帝国，成一个经济组织，为自己国内资本家阶级谋利益。"并说明，正因为"俄、德等国的劳工社会"，首先看破了资本家的政府的野心，因此，他们"不惜在大战的时候，起了社会革命，防遏这资本家政府的战争"。李大钊认为，"这亘古未有的大战，就是这样告终。这新纪元的世界改造，就是这样开始"。他并由此而预言："俄国的革命，不过是使天下惊秋的一片桐叶"，"试看将来的环球，必是赤旗的世界！"

李大钊还指出：俄国的Bolshvism"就是革命的社会主义"；持这一主义的Bolshviki"是奉德国社会主义经济学家马客士（Marx）为宗主的；他们的目的，在把现在为社会主义的障碍的国家界限打破，把资本家独占利益的生产制度打破"。在学习、研究、宣传和运用马克思主义的实践中，李大钊的马克思主义理论水平日益提高。

特别是他从多方面论述了学习和运用马克思主义一定要结合本国具体实际的问题。如他指出："一个社会主义者，为使他的主义在世界上发生一些影响，必须要研究怎么可以把他的理想尽量应用于环绕着他的实境。"他要求大家："应该细细地研究马克思的唯物史观，怎样应用于中国今日的政治经济情形。详细一点说，就是依马克思的唯物史观以研究怎样成了中国今日政治经济的情状，我们应该怎样去作民族独立的运动，把中国从列强的压迫之下解放出来。"

在中国先进分子学习、研究、宣传和运用马克思主义的实践中，1919年发生的五四爱国运动，以其彻底地、不妥协地反对帝国主义，彻底地、不妥协地反对封建主义的姿态，成为中国新民主主义革命的开端。其中起决定作用的因素，一是有了马克思主义的思想指导；二是中国工人阶级第一次作为独立的政治力量登上历史舞台，从而揭开了中国工人阶级领导中国革命的序幕。五四运动从思想上、干部上为中国共产党的成立作了准备。

五四运动后，1919年下半年，李大钊、陈独秀等人同胡适所宣扬的改良主义进行了有理有力的论争，阐明了中国的问题必须从根本上寻求解决的历史唯物主义的革命主张。1920年11月至1922年夏，陈独秀、李大钊、李达、蔡和森等，同张东荪、梁启超所吹捧的"基尔特社会主义"进行了论争，比较深刻地批驳了张、梁极力反对在中国宣传马克思主义和建立无产阶级政党，而宣扬通过消极静待资本主义的兴起和发展，来使中国实现社会主义的主张。在中国共产党成立前后，陈独秀、李达、施存统、蔡和森、李大钊等还围绕革命的形式、国家的本质等问题，对无政府主义的错误主张进行了严肃的批判，从而帮助大批激进青年比较清楚地区分了马克思主义和无政府主义的界限。许多曾经的无政府主义者放弃了错误信仰，选择了科学社会主义，其中有一批人后来成长为英勇的共产主义战士。

自1920年8月至1921年春，中国先进分子相继在上海、北京、武汉、长沙、济南、广州等地建立了共产党早期组织；中国留学生在日本东京和法国巴黎也建立了共产党早期组织。在各地共产党早期组织卓有成效地进行多方面工作的基础上，1921年7月23—31日，中国共产党第一次全国代表大会先在上海后移至嘉兴南湖胜利召开。大会通过的《中国共产党第一个纲领》，毫不含糊地向世界宣示："本党定名为'中国共产党'"；本党"承认无产阶级专政，直到阶级斗争结束，即直到消灭社会的阶级区分"；"承认苏维埃管理制度，把工农劳动者和士兵组织起来"等。虽然，中共一大纲领还很不完备，特别是未能提出适合当时中国国情需要的彻底的民主革命纲领——这一任务是一年后由中共二大完成的。但是，中共一大纲领的这几点宣示，是其最核心、最本质的内容。它把中国共产党的最高理想以及实现这一最高理想的基本途径和方法昭示天下，从而为中国革命指明了根本航向。中共一大宣告了中国共产党的成立。"这是中华民族发展史上开天辟地的大事变。从此，中国人民踏上了争取民族独立、人民解放的光明道路，开启了实现国家富强、人民富裕的壮丽征程。"（胡锦涛语）回首中国共产党走过的90年和世界风云的变幻，再看十月革命对中国的影响，我们更加信服毛泽东在《论人民民主专政》（1949年6月30日）一文中所写的话："十月革命一声炮响，给我们送来了马克思列宁主义。十月革命帮助了全世界的也帮助了中国的先进分子，用无产阶级的宇宙观作为观察国家命运的工具，重新考虑自己的问题。走俄国人的路——这就是结论。"这段话阐明了三个重要观点：（1）十月革命对中国产生影响的核心因素是"给我们送来了马克思列宁主义"；（2）"用无产阶级的宇宙观作为观察国家命运的工具"，是十月革命给予中国人民的最根本的帮助；（3）基于前两点，这里所说的"走俄国人的路"，指的是走十月革命所昭示的社会主义发展方向之路。

（资料来源：《党史文汇》，2012 年第 1 期，有改动）

 **实践课堂**

项目一　山东是中国的耶路撒冷

·实践类型

主题演讲

·实践目标

通过收集资料和主题演讲，让学生了解巴黎和会召开的历史背景，认识中国在巴黎和会外交上的失败是五四运动爆发的导火线，深刻领会弱国无外交，激发广大学生的爱国主义情感。

·注意事项

演讲稿要简洁精练，逻辑清晰，观点明确，富有感染力。演讲前，可在课下多练习几遍，熟悉演讲稿、把握演讲进度，提升演讲时的信心；演讲时，注意情绪和语气的掌控，吐字清晰，精神保持放松；演讲内容要以真实历史事件为依据，不可自己编造故事，可举一个或多个例子，但要注意时间不宜过长。

·活动流程

1.任课教师提前布置任务，给学生充足的准备时间；选定 1 名主持人，负责活动的策划、组织和实施。

2.每 5 人分为 1 组，各小组确定要举的例子，小组成员分工合作：收集资料、撰写演讲稿、练习演讲、准备评语。

3.演讲开始，每个小组各派出 1 名代表依次进行演讲，每人 3～5 分钟。

4.1 名学生演讲完之后，该小组成员对该故事人物进行评价，每人 1～2 分钟。

5. 全部演讲完毕，学生以小组为单位自由讨论，评选表现出色的小组。

6. 各小组组长进行总结，选出表现出色的小组。

7. 活动结束，各小组提交活动总结。

8. 任课教师作最终评价及总结。（100分）

（1）资料收集丰富，准备工作充分。（20分）

（2）讲稿内容逻辑清晰，贴合主题，依据真实。（20分）

（3）演讲情绪、语气到位，进度把握适当，感染力强。（30分）

（4）小组总结客观、到位、深刻，有自己的看法和见解。（30分）

· **实践成果**

以小组为单位提交的活动总结

· **参考资料**

活动评价表

序号	评价项目	得分	教师评语
1	资料收集、准备情况		
2	讲稿内容		
3	演讲表现		
4	总结内容		
小组：_____ 总分：_____			

《我的一九一九》——顾维钧在巴黎和会上的演讲

在我发言之前，请大家先看一样东西。进入会场的时候，牧野先生为了讨好我，争得在中国山东省的特权，把这块金表送给了我。

牧野男爵愤怒了！他真的愤怒了！姑且就算我偷了牧野男爵的金表，那么我倒想问问牧野男爵，你们日本，你们日本在全世界面前偷了中国的一个山东省，山东省三千六百万人民该不该愤怒？四万万中国人民该不该愤怒？请问日本的这个行为算不算偷窃？是不是无耻？！是不是极端的无耻？！

山东是中国文化的摇篮，中国的圣哲孔子、孟子就诞生在这片土地上，孔子，犹如西方的耶稣。山东是中国的，无论从经济上、战略上，还是宗教文化上。中国不能失去山东就像西方不能失去耶路撒冷。

尊敬的主席阁下，尊敬的各位代表，我很高兴能代表中国参加此次和会，我自感责任重大，因为我是代表了占世界人口四分之一的中国在这里发言。刚才牧野先生说，中国是未出一兵一卒的战胜国，这是无视最起码的事实。请看……一张张战争期间的照片，战争期间，中国派往欧洲的华工就达十四万，他们遍布战争的各个角落，他们和战胜国的军人一样，在流血、在牺牲。请看这是一张在法国牺牲的华工墓地的照片，像这样的墓地在法国就有十几个，而他们大多来自中国的山东省，他们为了什么，就是为了赢得这场战争，换回自己家园的和平和安宁。因此中国代表团深信会议在考虑讨论中国山东省问题的时候，会考虑到中国的基本合法权益，也就是主权和领土完整，否则亚洲将会有无数灵魂在哭泣，世界将不会得到安宁。

但是，最让中国代表团无法相信的是，尊敬的各位代表居然作出了如此让人无法接受的决定。

我很失望，最高委员会无视中国人民的存在、出卖了作为战胜国的中国，我很愤怒，我很愤怒！你们凭什么，凭什么把中国的山东省送给日本人。中国人已经做到仁至义尽。我想问问，我想问问这份丧权辱国的和约，谁能接受！

所以我们拒绝签字。

（资料来源：朗诵网，2020年2月22日）

项目二　三座大山

• 实践类型

历史话剧表演

• 实践目标

通过组织话剧表演，采取体验式教学方法，让学生在话剧表演中体验中国人民在"三座大山"的重压下的艰辛，从而更加明白"两个中国之命运"的走向，更加明白历史和人民选择中国共产党的必然性，更加感受到我们今日幸福生活的来之不易。

• 注意事项

提前做好预备方案，保证活动安全有序开展；活动要尽可能突出主题，要让演出达到引人深思的效果；维持好现场秩序，避免出现混乱；任课教师提前讲好注意事项，讨论一切可能发生的意外情况，尽量做到万无一失。

• 活动流程

1. 任课教师宣布实践活动，并说明实践目标。

2. 学生分组根据相关背景编写话剧剧本，编写过程中任课教师给予指导。剧本编写完成后在各小组中选出最好的一部。

3. 根据剧本，学生采取举荐、自荐等方式选取导演、演员、旁白和其他幕后工作者。

4. 学生在课下排练话剧演出，任课教师给予指导。

5. 以教室为演出场地，导演负责将演出场地布置好，可邀请院系其他教师和同学前来观看。

6. 主持人宣布表演开始，各表演演员开始表演。

7. 表演结束，各位教师和同学进行评价。

8. 任课教师作最后点评和总结。

9. 负责视频录制的学生将制作好的表演视频发给任课教师，任课教师在课堂上播放。

• 实践成果

学生提交的表演视频

• 参考资料

封建土地剥削制度下的中国农民

封建主义作为压在中国人民头上的"三座大山"之一，造成近代中国的贫穷和落后。由于地租的压榨、高利贷的盘剥和捐税的掠夺，封建土地所有制下的农民受到了"敲骨吸髓"的剥削，生活在水深火热之中。

一、难以承受的地租剥削和高利盘剥

近代中国，封建土地所有制占据绝对优势，是封建经济的核心。一般认为，封建地主和旧式富农以约占全国10%的人口而占70%～80%的耕地，占人口90%的农民（贫农、雇农、中农和其他劳动人民）却只占有20%～30%的土地。这表明，占人口绝大多数的农民没有土地或者只有很少的土地，而大量的土地都集中在地主手中，这是封建的地主土地所有制的特征之一。地主和富农把土地租给无地或少地的农民，借以收取地租。据1931年3月江西省、县、区苏维埃主席联席会议通过的《土地问题提纲》显示，地租一般为50%～80%。1943年5月，对抗战前晋察冀边区的调查表明，"地租一般的在50%以上，有的多到70%以上"。

地主和富农为加重对农民的剥削，攫取更多的财富，还不断增加地租额。江苏宝山一带的地主，在1926—1936年间将地租提高了50%。上海大场、杨行等乡，有的甚至提高一两倍。高额的地租占据了农民收入的大半，除去地租外，农民所剩无几。据1932年对苏州地区的统计数据推算，佃农承租地主田地，每亩可获钱12元，其中还租6.7元，付肥料、打水、人工等费至少4或5元。一年辛苦，结果毫无所获，甚至每亩亏蚀数元者，比比皆是。在这种情况下，农民不得不去乞求于高利贷以"饮鸩止渴"。

高利贷是蚕食农民的另一个吸血鬼，处于封建剥削下的农民，特别是贫苦农民的借贷现象十分普遍。据金陵大学农经系对河北、湖北、安徽、江西4省14个地区852户的调查，1934—1935年，佃农负债户平均占佃农户数的78%；半佃农平均占72%；自耕农平均占63%。高利贷不仅普遍，而且种类多、利率高。如安徽六安有所谓"买栈稻"，借1元，勒令卖稻7斗。更有借种2斗，索回1石，借米7升半，索回4斗5升的。据统计，黑龙江的五常、扶余等县，1909—1924年借贷利率增长4倍。除地租和高利贷对农民的剥削日益严重外，商人垄断物价，进行贱买贵卖的掠夺也变本加厉。投机商通过操纵农产品价格的季节变动获取高额利润。在浙江平湖，秋季收获后，农民需缴纳田租、田赋、杂税或偿付债息，不得不出售农产品以应急需。此时米商大贬农产品价格，以低价收买农产品；但到次年三四月份，农民的粮食不足，不得不去购买时，米商就提高农产品价格。如糙米去年每石价7元，今年每石涨至8元；大豆去年每石价不及7元，今春涨至10元；棉花去年每担价七八元，今年则增至十二三元。他们还通过杀价预买与高价赊销等不等价交换手段残酷剥削农民，如在浙江长兴的"卖夏米"，农民预卖的米价按照当时市价的一半估值。当农民要下豆饼而无钱购买时，便向豆饼行赊取，需要煤炭的农民，也可以向煤炭行赊取。但赊价与现买价之间，有惊人的差异，豆饼一片现买只需5角5分，赊价需7角；煤炭每百斤现买只需8角，赊价需1元。山东鱼台的"赊牲畜"，一般用现款20元可买到的牛、驴，赊买却需120元。"吃人"的高利贷，正如江苏苏南地区流行的形容印子钱（高利贷的一种）的民谣所唱："印子钱，一还三；利加利，年年翻。一年借，十年还；几辈子，还不完！"可见，高利贷成了套在农民脖子上的无形绞索。

二、不堪重负的田赋预征和苛捐杂税

作为各地政府财政收入主要来源的田赋，是政府当局根据田地的亩数和土地的优劣对田地拥有者所课征的土地税。所以在封建土地所有制下，它主要是向地主征收。但地主通过各种附加、财税和摊派等将其转嫁给广大农民，"一切田赋杂捐及种子、肥料、房屋等，统由佃农负担"。使田赋成了田租的再分配，最后的负担仍然要落在农民头上。田赋在维护封建剥削制度的同时，也直接加重了对农民的掠夺。

旧中国，田赋包括正税和附加税，是国民党政府各省财政收入的主要来源，占岁入总额 1/3 以上。以江苏为例，田赋收入占全年财政收入的百分比，1931 年为 46%，1932 年为 59%，1933 年为 57% 等。田赋不仅重，而且逐年增加。据 1934 年对江苏无锡田赋的统计显示，1923—1933 年的十年间，田赋增长 2 倍。

田赋附加种类五花八门，江苏竟达 147 种之多，浙江也有 73 种。附加费虽号称附加，但在当时各省"几无不超过"正税的，如江苏有超过 25 倍，湖北甚至超过 80 多倍。另外，附加税同正税一样，不仅繁重，而且也呈上升趋势。另据 1935 年对安徽歙县的调查，5 年间（1928—1933 年）附加税增至近 5 倍。农民无力缴纳如此苛重的捐税，国民党政府便大量拘捕农民，逼交粮款，"谁拒交钱粮，谁就是共产党"，致使"乡民畏威惊扰，迁徙流亡，日益见多，处处门户封锁，村村井灶无烟，凄凉景象，不堪言状"。

国民党政府除对农民征收田赋及各种附加税外，还实行"田赋预征制"，即预先征收多少年后的赋税。"四川各县的田赋，一般已征至三十年以上。"其他各省也均有同类的残暴现象。1934 年国民党政府农村复兴委员会编写的《关于陕西农村的调查》显示，陕西某些村（如凤翔小渭村）从 1929 年预征到 1938 年。而安徽则有"以命完粮"的故事，讲述农民不堪天灾、匪祸及政府预征钱粮之苦，"愿受死刑以求免征"。除政府当局预征田赋外，还有军队预征。据 1936 年对各军 1935 年预征田赋的统计，预征的年度最长的为第 28 军，预征达 80 年，第 29 军达 67 年。而一年预征的次数，最高是第 24 军，达到 8 次，最低也有 5 次。除田赋、军粮外，农民还要负担各种名目繁多的苛捐杂税，陕西省是全国苛捐杂税名目最少的，也有三四十种，四川巴县、云阳等 18 个县累计各种名目的苛捐杂税共 600 多种。另外，农民还要服各种兵役和劳役。国民党为准备内战，在 1946 年内"将从全国各地普遍征集新兵 60 万"，1947 年元旦起，"六个月内，预拟征集 100 万精壮的老百姓送上内战的火线上"。据中国经济年报统计，1935 年，人民所做无偿劳动，被强制服役的在千万人以上。

总之，在封建剥削的土地所有制下，广大农民的生活苦不堪言。正如毛泽东所写："地主阶级这样残酷的剥削和压迫所造成的农民的极端的穷苦和落后，就是中国社会几千年在经济上和社会生活上停滞不前的基本原因。"因此，只有彻底推翻封建土地所有制，改变"耕者无其田"的局面，中国最广大农民才有可能获得翻身解放。正因为如此，中国共产党领导的新民主主义革命，把彻底进行封建土地所有制改革作为其基本任务和主要内容之一。

（资料来源：教育部社会科学司《"中国近现代史纲要"课教学案例》，高等教育出版社 2010 年版）

项目三 两个中国之命运

· 实践类型

报告会

· 实践目标

通过聆听民主党派人士作报告，让学生更加深刻地认识到资产阶级共和国的方案在中国是行不通的，中国走上以中国共产党领导的社会主义道路是历史的必然。

· 注意事项

学生提前查阅、收集主题相关资料，了解该主题相关内容；报告会开始前将手机调至静音或震动模式，报告会开始后，不要随意走动或大声喧哗，保持会场秩序；向报告人提问问题时，要注意礼仪举止；聆听过程中，注意用纸笔记录下相关重点和自己的感悟。

· 活动流程

1. 任课教师或申请院系领导邀请民主党派人士，并确定报告主题，设主持人1名，负责报告会的流程及会场秩序。

2. 任课教师提前向学生布置任务，讲明活动注意事项。

3. 主持人介绍民主党派人士，为报告会预热。

4. 民主党派人士作报告，主持人维持会场秩序、掌控全场节奏。

5. 学生自由提问，民主党派人士作答。

6. 每人写1份报告会心得体会（不低于1500字），提交任课教师。

7. 任课教师根据报告会的心得体会，进行评分。（100分）

（1）准确、清晰地概括报告会的主要内容。（20分）

（2）心得体会内容丰富、情感真实。（30分）

（3）文笔流畅，有理有据。（25分）

（4）紧扣主题，有效发挥。（25分）

· 实践成果

学生提交的关于报告会的心得体会

· 参考资料

报告会心得体会评分表

院系：_____ 班级：_____ 姓名：_____ 总分：_____

项目	标准	得分	教师评语
报告会	内容概括准确、清晰		
心得	内容丰富、情感真实		
写作	文笔流畅，有理有据		
主题	紧扣主题，有效发挥		

"劫收"风潮

"先头部队"抢先劫夺

抗日战争胜利之初，国民党政府军队均远处大西南，不可能在第一时间赶到沦陷区进行接收，这便给了身处沦陷区的各色"先头部队"以可乘之机。他们在重庆方面紧张部署的时候已捷足先登，在收复区内如上海、北平、天津等几个大城市，迅速掀起接收敌伪财产的狂潮。他们分别被人们称为"土行孙""穿山甲"和"变色龙"。

"土行孙"，是指抗战时期国民党的一些"地下工作者"。日本投降后，这些人便纷纷"钻出地面"，成立各种名目的单位，接收敌伪财产。由于国民党时期各部门互不统属，这批隶属于不同系统的"土行孙"们便各行其是，自立山头。仅上海一地在短短几天内，竟然出现了4家国民党上海特别市党部；而北平则冒出了8个市党部。这些"土行孙"们明争暗抢，无所不为。据伪中国实业银行常董、伪南京兴业银行上海分行经理金雄白回忆：当时只要是与国民党中央政府要员沾亲带故的人，常常以地下工作人员自居，有人自认为中统，也有人自认为军统，但谁也不知道他们身份的真假与职位的高低。所有汪伪政权中的人，没有一个不提心吊胆，只要有人向他们示意，他们不是自动地以金条珠宝奉献，就是乖乖地让出自己的住宅及所有的家具用品。短短半个月内，全上海已经有了"王侯住宅皆新主"的景象。日军再也不敢管中国人自己的事情，"行动总指挥部"也不敢管"土行孙"们的行为。

"穿山甲"，是人们对日占城市外围的"忠义救国军""别动军"之类，由军统指挥或利用的游杂武装的戏称。他们虽然人员庞杂，但是有枪在手，接收起来更是得心应手。比如活动在花县、从化和粤北一带的中美合作别动军蔡春元支队、谢大傻支队闯进广州，一下子就端走了伪禁烟局的 7 万两烟土，接着又在金店银楼每人接收几件。在上海，根据戴笠的命令，从临安、台州、曹娥江地区冲进上海的"忠义救国军"阮清源总队、郭履洲总队、毛森总队，好比饿虎入市，汪伪 76 号特工总部的一切财产，被他们一股脑儿接收下来，然后扩大战果，工厂、洋楼、银行、医院，样样都要。上海人惊呼"强盗坏来了"。

"变色龙"是当时人们"赠予"蒋介石委任的各色"先遣军"的雅号（这些军队原是伪军，日本投降后，蒋介石的军队远处大后方，为了和中共抢占失地，蒋便把各地的伪军改编成"国民党收复区先遣部队"）。在汉口中山大道六渡桥原远东饭店，伪军事委员会委员长武汉行营经改编后，顷刻之间变成了守备军指挥部，原伪军将领邹平凡成了"武汉守备军总指挥兼新编第二十一军军长"。不久，五化宾馆、扬子江饭店一一被"接收"，几十个伪董事长、伪总经理奉命搬出自己的高级住宅。

针对国民党各派在大接收中的种种丑恶表演，收复区群众有一种普遍的说法，即"天上飞来的（指重庆派出的正宗接收大员）不如水上漂来的（指美国人用军舰运输登陆的'国军'）；水上漂来的不如地下钻出来的（指所谓的'地下工作者'，即'土行孙'们）；地下钻出来的不如摇身一变的（即'变色龙'一族）"。由此可见，这些"先头部队"在接收之初猖狂至极，用"群魔乱舞"来形容他们的劫掠行径，毫不过分！在重庆的正宗接收大员们到来之前，收复区的半壁江山已经被这群"土行孙""穿山甲""变色龙"搅得乌烟瘴气。然而，这些仅仅是"接收"闹剧的开始。

八仙过海各显神通

为了接收沦陷区的敌伪财产，日军刚宣布投降，蒋介石即于 8 月 17 日授意行政院副院长翁文灏制定《行政院各部、会、署、局派遣收复区接收人员办法》。接着，蒋又于 9 月 5 日决定，在陆军总部之下成立党政接收计划委员会。委员会下设党团、经济（含粮食、农林、水利等）、内政（含教育、社会、司法、卫生、地方行政等）、财政、金融、外交 6 个接收组，委员及各组负责人均由相关部门的代表担任。同时，各省市也相应设立党政接收委员会，由各战区军事长官主持。

因无明确的接收范围，这种多头并进同时接收的做法，在实际接收过程中很快便产生了贪污腐败的问题，引起社会各界的强烈反响。于是，在蒋介石的首肯下，行政院院长宋子文决定，由行政系统独立接管一切接收事宜。1945 年 10 月下旬，宋子文正式成立了行政院收复区全国性事业接收委员会。

在整个接收过程中，国民党各级官员贪赃枉法，肆意抢掠，把对沦陷区的"经济接收"变成了事实上的"劫收"。这些正宗"接收大员"到达收复区后，毫无顾忌地滥用职权、徇私舞弊、中饱私囊，如同洪水猛兽，给收复区人民留下了极坏的印象，人们愤怒地称他们是"五子登科"，即房子、条子（金条）、票子（现钞）、车子和婊子。

后来，人们又把接收大员们的贪污方法扩展总结为"八仙过海"，即抢、占、盗、偷、漏、吞、诈、咬。这里的"盗"和"偷"自成一体；"吞"和"漏"又是连带性作业，指接收大员对漏报财产的侵吞。至于"诈"，指的是讹诈勒逼。

对于接收大员们在接收过程中的腐败情形，当时被派往北平任华北地区最高长官的李宗仁日后在回忆录中描述道："在北平的所谓'接收'，确如民间报纸所讥讽的，实在是'劫收'。这批接收人员吃尽了八年全面抗战之苦，一旦飞入纸醉金迷的平、津地区，直如饿虎扑羊，贪赃枉法的程度简直骇人听闻。他们金钱到手，便穷奢极欲，大肆挥霍，把一个民风原极淳朴的故都，旦夕之间变成了罪恶的渊薮。中央对于接收权的划分也无明确的规定，各机关择肥而噬，有时一个部门有几个机关派员接收，以致分赃不均，大家拔刀相见……"

兑换伪币劫夺民财

如果说接收大员们的劫夺和敲诈勒索可归之为个人品质的恶劣，国民党政府还有借口推辞的话，那么政府明文规定的法币与伪币的兑换率，则是"党国"最高当权者对上亿沦陷区人民的公开掠夺。

1945年9月9日，陆军总部发布命令："政府机关暨国营事业，以及一切税款之收支，自我政府所派人员接收后，即应完全使用法币，不得再用伪钞，京沪区各银行，自民国三十四年九月十二日起，凡一切往来交易，应一律使用法币。"

至于法币和伪币之间的兑换率，根据当时一些经济学家的意见，应该在沦陷区与大后方的物价指数之间确立合理的比价。据当时重庆与上海的粮食、燃料、菜蔬等生活必需品以及公用事业费用之间的比价，合理的法币对伪中储券（即中央储蓄银行钞票，流通于华中及华南沦陷区的伪政权纸币）的兑换率应为1∶50，至多不能超过1∶60。同理，以重庆与北平的物价指数计算，合理的法币对伪联银券（即中央联合准备银行钞票，流通于华北沦陷区的伪政权纸币）的兑换率应为1∶2。

9月27日，财政部公布了《伪中央储蓄银行钞票收换办法》，将法币与伪中储券的兑换率定为1∶200；11月22日，《伪中国联合准备银行钞票收换办法》出台，规定法币与伪联银券的兑换率为1∶5。同时，财政部又规定收兑期为4个月，在此期间，伪币与法币可以在市场上同时流通。

这种兑换率的规定对收复区人民无疑是一种公开的掠夺。刚刚庆祝光复的各大城市里顿时哭声、骂声响成一片。伪币兑换币值遭受强行压低的结果，使法币成为奇货可居，收复区人民竞相抢购法币，形成法币供不应求之势。国民党政府不得不大量增加法币以应急。法币流通额因而迅速扩大，物价为之飞速上涨。另外，伪币与法币在 4 个月内可以按官定兑换率在市场上同时流通的规定，又使人们想方设法使手中握有的伪币尽快脱手以换取物资，这更加剧了物价上涨的速度。因此，这段时期内收复区发生了急剧的通货膨胀。接收大员们凭着本已不值钱的法币在收复区大发横财，被时人描述为"陪都来沪接收人员，均有腰缠十万贯，骑鹤上扬州之感"。升斗小民们则顿时倾家荡产。一亿数千万沦陷区的人民痛心疾首，顿足捶胸！真是"想中央，盼中央，中央来了更遭殃！"

1946 年 7 月，敌伪产业接收大体完成。在将近 1 年的时间里，国民党当局混乱无序的经济接收，给社会生产造成了极大的破坏。大批工厂、企业、商店在接收中倒闭、停工，使战后经济丧失了恢复活力的能力。更为严重的是，这种接收还腐蚀了国民党的官僚队伍，使国民党失尽了民心。3 年后，面对在大陆的失败，蒋介石对部下沉痛地说："我们的失败，就失败于接收！"

（资料来源：《文史月刊》，2007 年第 3 期，收入本书时略改动）

第四章 开天辟地的大事变

历史回顾

神州觉醒

五四运动后，背负着时代的种种压力，一些先进的中国人特别是热血沸腾的青年人开始从各方面探索中国的前途。全国各地青年纷纷成立学习和宣传新思想的社团，宣传各种新思潮的刊物如雨后春笋，仅五四运动后的1年中就超过400种。这些刊物中绝大多数都宣称以改造社会为自己的宗旨，有的还发表了各种各样的改造中国社会的方案。

十月革命一声炮响，给中国送来了马克思主义。陈独秀等人逐步悟出：改造社会的真正力量在于劳农阶级，在于成千上万的"下民"。李大钊在天安门前振臂高呼："人道的钟声响了，自由的曙光现了！试看将来的环球，必是赤旗的世界！"中国思想界相当一部分人由怀疑以至否定资产阶级共和国道路，转而向往社会主义。但是，社会主义到底是什么样子，人们还是"隔着窗纱看晓雾"，并不十分清晰。在马克思主义传入中国的同时，无政府主义、互助主义、新村主义、合作主义、基尔特社会主义等观点和主张也一同流入中国，在各种刊物上纷然杂陈。

在各种新思潮竞相传播、思想界百家争鸣的形势下，人们进行研究、分析、比较、选择，寻求自己的信仰；人们按照各自的理解和良好愿望编织着理想社会的蓝图，甚至开始了各种实验。

1919年3月，周作人在《新青年》上发表了《日本的新村》一文，详细介绍了武者小路实笃的新村主义的理论和实践，第2年，他又在北京设立了"新村支部"。但是，这种田园新村建设遇到了不可摆脱的困难，富有热情的青年知识分子又把目光转移到城市，试图创造一种"城市中的新生活"。

1919年12月4日，王光祈在北京《晨报》上发表了《城市中的新生活》一文，把城市新生活的组织定名为"工读互助团"，表示要在全国各大城市推行。不到半个月，工读互助团就在北京成立了，当时共设4个组，经营日用消费品、

食堂、缝纫、刺绣、洗衣等项目。各地的工读互助团试图按照"人人做工，各尽所能，各取所需"的理想，过"共产的生活"，然后，"用工读互助团去改造社会"。但是，这种改造社会的实验很快遇到无法克服的困难，各城市的工读互助团迅速宣布解散。

事实教育了许多人。广大先进的知识分子开始勇敢地、理智地转而信仰科学社会主义，越来越多的人奔向马克思列宁主义的旗帜下，并着手新的改造社会的实践。

1919年年初，李大钊发表文章明确表述了全世界无产阶级联合起来，用阶级斗争的手段，推翻剥削制度的马克思主义观点。同年5月，他主编了《新青年》的"马克思主义研究专号"，发表了《我的马克思主义观》，系统地介绍了马克思主义的3个组成部分。这时，李大钊不仅承认和宣传马克思主义阶级斗争学说，而且同时承认和宣传无产阶级专政的学说，成为中国第一位马克思主义者。除李大钊之外，陈独秀、杨匏安、李达、李汉俊、张闻天等都是在中国较早地研究和宣传马克思主义的知识分子。

早期传播马克思主义的知识分子除大量翻译和介绍马克思、恩格斯的著作外，其研究范围已经涉及科学社会主义与空想社会主义、无政府主义的区别，无产阶级革命与无产阶级专政等重大社会课题。如李达发表了《什么叫社会主义》《社会主义的目的》等文章。

五四运动时期，毛泽东曾两次来北京。第一次他在北大图书馆当助理员。当时，社会上无政府主义流行。毛泽东"读了一些无政府主义的小册子，很受影响"，与许多先进分子一样，"赞同许多无政府主义的主张"。第二次他是率驱张（指湖南督军张敬尧）代表团到京的。在北京，他创办了一个平民通讯社，地址在北长街福佑寺内，办公就在香案上。他白天四处奔波，晚上在一盏小油灯下伏案读书。他读了许多介绍俄国情况的书，热心地搜寻那时候能找到的为数不多的《共产党宣言》等马克思列宁主义著作。毛泽东回忆说："我一旦接受了马克思主义是对历史的正确解释以后，我对马克思主义的信仰就没有动摇过……到了1920年夏天，在理论上，而且在某种程度的行动上，我已成为一个马克思主义者了，而且从此我也认为自己是一个马克思主义者了。"

几乎同一时期，比毛泽东年轻五岁的周恩来，也迅速成长为马克思主义者。1920年年初，因觉悟社领导学生向当局示威请愿，周恩来和他的一些同学一起被捕。据当时《检厅目录》记载，周恩来在狱中连续不断地系统宣传和讲解马克思主义。这年年底，他到法国勤工俭学，在那里系统地研究和比较了各种学说，从而更加坚信马克思列宁主义。他在通信中表示："我认定的主义一定是不变了，而且很坚决地要为它宣传奔走。"

马克思主义的传播使中国先进知识分子的思想发生了变化，最突出的表现是越来越多的人看到了工人阶级在改造社会中的力量。"劳工神圣"成了风行一时的口号。1920年5月1日，北京、上海、唐山等许多城市的工人和学生广泛地开展了纪念"五一"劳动节的活动。《新青年》等许多刊物都在醒目的位置报道了各地庆祝情况并发表纪念文章。《觉悟》《星期评论》《新社会》等重要刊物，出版了劳动节纪念专号。

这些纪念活动极大地促进了知识分子自觉地深入工厂和乡村，做工人的朋友、农民的朋友。当时，邓中夏领导北大许多同学经常深入长辛店、南口铁路的工人中做大量宣传和调查工作。工人的生活很艰苦。邓中夏与工人同住、同吃，过得很自然。他与工人们打成一片，工人们热情接近他，同他结下了深厚的友谊。与此同时，他组织和领导的平民教育演讲团"除城市讲演外，还注重乡村讲演、工场讲演"。抱着改造中国社会的宏伟志愿，到民间去、到法国去、到俄国去，成为当时知识界许多人寻求真理、投身革命的追求。

[资料来源：邵维正《文图并说：中国共产党80年大事聚焦》（上），
解放军出版社2001年版]

实践课堂

项目一　**弘扬五四精神，争做有为青年**

· **实践类型**

　　主题演讲

· **实践目标**

　　通过主题演讲，纪念五四运动，弘扬"爱国、进步、民主、科学"的五四精神，激发广大学生的爱国、爱校热情，激励广大青年学生勤于学习、善于创造、甘于奉献。

· **注意事项**

　　演讲稿要简洁精练，逻辑清晰，观点明确，富有感染力。演讲前，可在课下多练习几遍，熟悉演讲稿、把握演讲进度，提升演讲时的信心；演讲时，注意情绪和语气的掌控，吐字清晰，精神保持放松；演讲内容要以真实历史事件为依据，不可自己编造故事，可举一个或多个例子，但要注意时间不宜过长。

● 活动流程

1. 任课教师提前布置任务，给学生充足的准备时间；选定 1 名主持人，负责活动的策划、组织和实施。

2. 每 5 人分为 1 组，各小组确定要举的例子，小组成员分工合作：收集资料、编写演讲稿、练习演讲、准备评语。

3. 演讲开始，各小组各派出 1 名代表依次进行演讲，每人 3 ~ 5 分钟。

4. 1 名学生演讲完之后，该小组成员对该故事人物进行评价，每人 1 ~ 2 分钟。

5. 全部演讲完毕，学生以小组为单位自由讨论，评选表现出色的小组。

6. 各小组组长进行总结，选出表现出色的小组。

7. 活动结束，各小组提交活动总结。

8. 任课教师作最终评价及总结。（100 分）

（1）资料收集丰富，准备工作充分。（20 分）

（2）讲稿内容逻辑清晰，贴合主题，依据真实。（20 分）

（3）演讲情绪、语气到位，进度把握适当，感染力强。（30 分）

（4）小组总结客观、到位、深刻，有自己的看法和见解。（30 分）

● 实践成果

以小组为单位提交的活动总结

● 参考资料

活动评价表

序号	评价项目	得分	教师评语
1	资料收集、准备情况		
2	讲稿内容		
3	演讲表现		
4	总结内容		

小组：_____ 总分：_____

秉承五四精神，彰显青春风流

我演讲的题目是《秉承五四精神，彰显青春风流》。

1919年5月4日，这是一个注定要被历史记住的日子。这一天，历史的天空划出一道最刺眼的闪电，劈开了黑暗的夜幕，为20世纪的中国照亮了通往光明道路的第一步。

5月，一个属于青年的激情岁月！"铁肩担重任，妙手著文章"，一篇篇激扬的文字携带着自由平等的精神魅力滚滚而来，这文字汇成一股巨大的声响，震醒了沉睡中的巨龙。

1919年1月18日，第一次世界大战的战胜国在巴黎召开"和平会议"。中国以战胜国身份参加和会，提出取消列强在华的各项特权，取消日本帝国主义与袁世凯订立的"二十一条"不平等条约，归还大战期间日本从德国手中夺去的山东各项权利等要求。巴黎和会在帝国主义列强操纵下，不但拒绝中国的要求，而且在对德和约上，明文规定把德国在山东的特权全部转让给日本。北京政府竟准备在"和约"上签字！在这民族存亡的时刻，北京大学等13所学校的3000多名学生，冲破军警的重重阻挠到天安门前集会演讲，游行示威，提出"外争主权，内除国贼""废除二十一条""拒绝在巴黎和约上签字"等口号。虽然有近千名学生遭到逮捕，但胜利总是属于正义者，在青年学生的感召下，工人罢工，商人罢市，大力声援北京学生，特别是上海工人，从6月5日起发动了有六七万人参加的政治大罢工；南京、天津、杭州、济南、武汉、九江、芜湖等地工人，也都先后举行罢工和示威游行。北京政府不得不于6月6日释放全部被捕学生，10日宣布"批准"曹汝霖、章宗祥、陆宗舆三人"辞职"，28日，中国代表团拒绝在对德和约上签字。

"五四爱国运动"胜利了！

在学生们不屈不挠、义无反顾的奋斗中，我们看到了一种力量，是的，那就是青年的力量！中国共产党领导下的共青团继承了"五四"精神，这种精神指引着我们直到今天，我们时时刻刻都不曾忘记您所走过的峥嵘岁月，也必将沿着您的足迹继续前进，为我们伟大祖国的繁荣昌盛而努力。

朋友们，还记得30年前家乡的样子吗？几条狭窄的街道，一片低矮的房屋，就可以概括她的全貌；几件颜色单调的衣服，几个破旧的家具，或许就是我们全部的家当。再看看现在吧：主干道纵横交错，贯穿东西南北，一幢幢大楼争相崛起，五颜六色的时装，琳琅满目的商品，从农村到城市处处洋溢着现代化的气息，透露着春的绿意，焕发着勃勃生机！

在这幅美丽的画卷上，你随处可以见到青年活跃的身影，一代代青年，以高度的责任感和奉献精神，保障着道路的畅通，保护着优美的环境，维护着社会的安定……在党的坚强领导下，在各行各业中，共青团带领广大青年在我们城市建设的宏伟蓝图上，勾画出了最亮丽的色彩！

那飘动的旗帜，那紧握的拳头，那冲锋的身影，那激昂的呼喊，都已经留在历史的激流中，让历史成为过去，我们不需要啜饮悲伤的泪水，让精神穿越时空，我们将以此继续征程，"五四"留下的，是一种永远都不会过时的精神！

曾记否，对着马刀警棍，

广大青年手挽手抬起了高昂的头颅！

曾记否，顶着枪林弹雨，

广大青年高举着战旗奋勇前进！

曾记否，冒着暴雨洪流，

广大青年就是牢不可破的大堤！

曾记否，迎着经济大潮，

广大青年勇做时代的弄潮儿！

九十八载的艰难与险阻，

九十八载的光辉与荣耀，

铸就了共青团的热血忠魂！

在迎风飞扬的团旗下，

我们必将创造新世纪的更大辉煌，彰显青年一代的风流！

我的演讲完了，谢谢大家！

（资料来源：演讲稿范文网，2017 年 3 月 13 日，收入本书时有改动）

项目二　时间·记忆·党史

· 实践类型

主题调查

· 实践目标

通过调查和问卷回答，帮助学生关注中国共产党诞生、发展和壮大的历史，进一步了解当代大学生对中国共产党历史的认知现状，理解中国共产党为中国革命胜利所作出的巨大贡献，坚定跟党走中国特色社会主义道路的信心。

· 注意事项

注意设定调查问卷的范围，要从选题的目的和需要着眼，绝不能偏离主题；对问题的回答要有一定的估计，不要设置太过隐私的问题，以免引起被调查对象的反感，影响调查的客观性；设置问题不宜过多，避免耽误被调查对象过多时间；问题不要有偏向性，不能诱导被调查对象。

· 活动流程

1. 任课教师提前布置任务，讲明注意事项及操作细节，调查范围为本校和邻近的几所学校。

2. 学生分为若干小组，每10人为1组，各小组讨论决定哪个小组去哪所学校进行问卷调查。

3. 分工明确后，各小组进行准备活动，收集资料、草拟调查问卷。

4. 问卷草拟后，先找其他人扮演被调查对象，尝试回答问卷中的问题，评估效果。

5. 各小组成员在全校范围随机寻找调查对象，向他们发放问卷，进行填写，注意及时回收问卷。

6. 调查结束，各小组整理问卷，本小组成员合作统计问题回答情况。

7. 各小组将统计信息进行分析总结，形成报告，以小组为单位上交任课教师。

8. 任课教师对学生活动情况及提交报告进行评价总结。（100分）

（1）资料收集情况评价。（20分）

（2）调查问卷草拟情况评价。（20分）

（3）问卷调查情况评价。（20分）

（4）信息统计情况评价。（20分）

（5）报告总结情况评价。（20分）

· 实践成果

以小组为单位提交的总结报告

· 参考资料

活动总结评价表

小组	资料收集	问卷草拟	问卷调查	信息统计	报告总结	总分	教师总结
第一组							
第二组							
第三组							
第四组							

续表

小组	资料收集	问卷草拟	问卷调查	信息统计	报告总结	总分	教师总结
第五组							
第六组							
第七组							
第八组							
第九组							
第十组							

大学生党史认知调查问卷

亲爱的同学：

您好！希望您能抽出几分钟的时间填写一下问卷。本次调查采取匿名的方式，您所提供的一切信息都将为您保密，希望您可以按照实际情况填写（在您的答案对应的选项上打"√"），感谢您的配合！

1. 您的性别？

A. 男　　　　　　　　B. 女

2. 您的年级？

A. 大一　　　　　　　B. 大二　　　　　　　C. 大三　　　　　　　D. 大四

3. 请问您知道中国共产党建立的时间吗？

A. 1911 年　　　　　　B. 1919 年　　　　　　C. 1921 年　　　　　　D. 1931 年

4. 请问您知道最早的中国共产党组织是在哪里建立的吗？

A. 武昌　　　　　　　B. 武汉　　　　　　　C. 上海　　　　　　　D. 南京

5. 请问标志着中国共产党开始独立领导革命战争和创建人民军队的事件是以下哪一件？

A. 秋收起义　　　B. 广州起义　　　C. 南昌起义　　　D. 百色起义

6. 请问大革命失败后，中国共产党创建的第一块农村革命根据地是什么？

A. 井冈山革命根据地　　　　　　　B. 赣南革命根据地

C. 湘鄂赣革命根据地　　　　　　　D. 鄂豫皖革命根据地

7.请问您知道以下哪一个事件从组织上确立了党对军队的绝对领导，为建立一支无产阶级领导下的新型人民军队奠定了基础吗？

    A.井冈山会师　　　　　　　　B.工农武装割据

    C.三湾改编　　　　　　　　　D.中共六大

8.请问20世纪20年代后期至30年代前中期，中国共产党内连续出现"左"倾错误的最主要原因是什么？

    A.党内一直存在着浓厚的"左"倾情绪

    B.共产国际的瞎指挥

    C.还不善于把马列主义与中国实际结合起来

    D.王明等人的主观错误

9.请问遵义会议后，中共中央决定的三人军事指挥小组包括哪三人？【多选】

    A.毛泽东　　　　　B.周恩来　　　　　C.王稼祥

    D.朱德　　　　　　E.陈毅　　　　　　F.博古

10.请问抗日战争时期八路军出征首战告捷的战役是什么？

    A.台儿庄战役　　B.平型关大捷　　C.百团大战　　　D.淞沪会战

11.请问您对党的性质、宗旨、目标、基本路线等相关政策与制度了解程度如何？

    A.很熟悉、很全面　　　　　　B.有所了解，不够全面

    C.不太熟悉，比较模糊　　　　D.完全不了解

12.请问您平时是否主动了解中国共产党的发展进程？

    A.是　　　　　　　B.偶尔　　　　　　C.否

13.您认为中国共产党成立的意义有哪些？【多选】

    A.它给灾难深重的人民带来光明和希望

    B.适应了近代以来社会进步和革命发展的客观要求

    C.它的成立，标志着中国新民主主义革命的开端

    D.从一开始就拥有马克思主义这种最先进的思想武器，因而能够为中国革命指明前进的方向

14.请问您在大学期间有没有入党的打算？

    A.有，而且很坚定　　　　　　B.想过，但不是非入不可

    C.没想过　　　　　　　　　　D.无所谓

15.请问您平时从哪些途径了解过共产党？

    A.课堂教学　　　　　　　　　B.报纸、杂志

    C.电视、网络　　　　　　　　D.党校、党课

    E.周围同学和家人的耳濡目染

答题结束，再次感谢您的配合，祝您生活愉快！

项目三　书生意气，挥斥方遒

· 实践类型

课堂交流

· 实践目标

通过穿越式的设想，学生相互交流"如果我是20世纪20年代的青年，我会如何选择人生道路"，使学生进一步明确青年是国家的未来，认识到肩上担负着民族复兴的重任，时代不同，任务不一样，但责任始终未变。

· 注意事项

可以大胆畅想、大胆发言，但是要以当时的时代背景和历史环境为前提；发言要紧扣主题；学生发言过程中，其他同学要遵守会场纪律，不要随意走动或大声喧哗，不要讥讽、嘲笑发言的同学。

· 活动流程

1. 任课教师提前1周布置任务，说明注意事项。

2. 学生分为若干小组（每组5～8人），设组长1名，组织实践并负责记录。

3. 学生分小组课下通过书籍、网络等渠道收集资料，整理发言的内容。

4. 各小组成员将各自整理的资料汇总讨论，确定交流内容，明确交流主题。

5. 任课教师选1名学生作为主持人，负责提出任课教师布置的任务话题，安排发言顺序，维持活动秩序。

6. 每名学生陈述自己的设想，时间5分钟。

7. 其他同学对陈述人的设想进行评议，时间3分钟。

8. 陈述人与其他同学交流，阐述自己的再认识。

9. 所有同学依次进行发言和交流。

10. 组长总结，每名学生提交交流记录和活动总结。

11. 任课教师对活动进行总结评价。（100分）

（1）发言情况评价。（20分）

（2）小组参与度评价。（20分）

（3）学生设想与时代结合度、可行度、创意度评价。（20分）

（4）学生分析问题、解决问题的能力评价。（20分）

（5）学生资料收集情况评价。（20分）

· 实践成果

每名学生提交的交流记录和活动总结

· 参考资料

活动总结评价表

项目	得分	教师评语
发言情况		
小组参与度		
学生设想		
分析、解决问题能力		
资料收集情况		
小组：＿＿＿＿＿＿ 总分：＿＿＿＿＿＿		

青年毛泽东的革命道路选择

关于十月革命对中国革命的影响，毛泽东有一段最著名的话："十月革命一声炮响，给我们送来了马克思列宁主义……走俄国人的路，这就是结论。"中国革命是十月革命的继续和发展，走十月革命道路使中国革命浴火重生，苦难而辉煌。青年毛泽东对十月革命道路的认同和选择，也有一个思索和比较的过程。

第一次发表思想有些糊涂的政见

毛泽东出生在湘中一个闭塞的山冲，在接受启蒙教育时，不大受四书五经的束缚，用他的话说："我爱看的是中国古代的传奇小说，特别是其中关于造反的故事。"那些杀富济贫、除暴安良的故事，使他徜徉在可歌可泣的历史叙述之中；那些叱咤风云、掀天揭地的英雄，深深地印在他的脑海，成为他心向往之的楷模。

1910年4月，长沙因天灾粮食颗粒无收，全省闹起饥荒。官商乘机相互勾结，囤积粮食，把米价抬得一日高于一日。饥寒交迫的平民愤怒已极，蜂拥至巡抚衙门，要求平粜救灾。腐败的官府非但不赈灾，反而实施血腥镇压。

这件事对毛泽东影响很深，他认为长沙饥民"也是些像我自己家里人那样的普通人，对于他们受到的冤屈，我深感不平"。由长沙饥民事件，他把对下层民众的忧患，升华到解救他们的思想冲动上。

这年秋天，毛泽东入湘乡县立东山高等小学堂读书。在这里，他阅读了表兄所送的《新民丛报》，开始崇拜康有为、梁启超，并对政治和国家的前途特别关心。他还读了一本《世界英杰传》，由对尧舜、秦皇、汉武的仰慕，扩大到对拿破仑、叶卡特琳娜、彼得大帝、华盛顿、卢梭、孟德斯鸠的神往。他对同学萧三说："中国也要有这样的人物，我们应该讲求富国强兵之道。""顾炎武说得好，天下兴亡，匹夫有责。"

1911年春，18岁的毛泽东考入湘乡驻省中学。初到省会长沙，毛泽东眼界大开，不仅看到了同盟会的《民立报》，还知道了孙中山和同盟会的纲领及黄花岗七十二烈士。他激情澎湃，写了一篇文章贴在学校的墙壁上，主张由孙中山、康有为、梁启超组织新的政府，来反对专制独裁的清王朝。毛泽东后来说，这是他"第一次发表政见，思想还有些糊涂"。

武昌起义爆发后，毛泽东投笔从戎，在驻长沙的起义新军25混成协50标第1营左队当一名列兵。4个月的列兵生活，他除参加军事训练外，大部分时间都投入对时事和社会问题的研究中。他在阅读《湘汉新闻》时，第一次看到了"社会主义"这一名词。其实，当时毛泽东所看到的"社会主义"是江亢虎的中国社会党鼓吹的社会改良主义，但他却兴趣浓厚，并写信与同学讨论。

毛泽东在这一时期的信仰，正如他自己所说："是自由主义、民主改良主义、空想社会主义等观念的大杂烩。我对'十九世纪的民主'、乌托邦主义和旧式的自由主义，抱有一些模糊的热情，但是我是明确地反对军阀和反对帝国主义的。"

1912年2月，毛泽东以优异的成绩考入湖南全省高等中学（后改名省立第一中学）。他的文章《商鞅徙木立信论》在省立一中颇有影响，表现了他思变务新的少年哲人风范。文章指出，政府要取信于民，开发民智，以法治国。国文教师柳潜在批阅该文章时，啧啧称奇，欣然批曰："历观生作，练成一色文字，自是伟大之器，再加功候，吾不知其所至。"

仅读半年，毛泽东以省立一中所学有限，主动退学，并订了自修计划，每天去省立图书馆阅读。这里的社会科学和自然科学书籍，成了他选择性阅读的书目。正是在省立图书馆，毛泽东第一次看到了世界地图，由此眼界更加宽阔。他总结这自修的半年："我认为对我极有价值。"

1913年春，毛泽东考入湖南省立第四师范（次年2月，并入第一师范）。他在这所学校连同预科，一共读了5年。他说："我的政治思想在这个时期开始形成。我也是在这里获得社会行动的初步经验的。"除修学储能外，他对时事政治尤为关注，被同学们称为"时事通"。

1915年9月，陈独秀在上海创办《青年杂志》（一年后更名为《新青年》），毛泽东成为其热心读者。学校现状，中国的现状，毛泽东都十分不满意，有心改造，可又苦于酬志无门，郁郁不得志。

革命非兵戎相见乃除旧布新

1916 年 7 月，湖南都督汤芗铭被湘人驱逐。毛泽东对此十分不满，认为不应驱逐汤芗铭，"汤在此三年，以之严刑峻法为治，一洗从前鸱张暴戾之气，而镇静辑睦之，秩序整肃，几复承平之旧"。又说："汤可告无罪于天下，可告无罪于湘人，其去湘也，湘之大不幸也。"

毛泽东在寻觅与彷徨中，相信好政府、好都督，认为改良主义才是治国的良方。他觉得"国人积弊甚深，思想太旧，道德太坏"，改变这种状况，须"从哲学、伦理学入手，改造哲学、改造伦理学，根本上变换全国之思想"。

1917 年 9 月 22 日晚，毛泽东与张昆弟等人来到蔡和森家，几位关心国家民族命运的青年彻夜长谈。毛泽东说："现在国民性情，虚伪相崇，奴隶性成，思想狭隘，安得国人有大哲学革命家，大伦理革命家，如俄之托尔斯泰其人，以洗涤国民之旧思想，开发其新思想。"他主张"家族革命，师生革命"，认为"革命非兵戎相见之谓，乃除旧布新之谓"。

在此期间，毛泽东读了很多书籍，想从学理上思索和寻找到中国的出路。他在泡尔生《伦理学原理》一书上作了许多批注，从中可以窥见他的思想脉络。其批注曰："各世纪中，各民族起各种之大革命，时时涤旧，染而新之，皆生死成毁之大变化也。宇宙之毁也亦然。宇宙之毁决不终毁也，其毁于此者必成于彼无疑也。吾人甚盼望其毁，盖毁旧宇宙而得新宇宙，岂不愈于旧宇宙耶！"

毛泽东对古今中外的历史颇多涉猎，对除旧布新的革命甚为赞赏。至于如何革命，尚未有定策，仍在寻觅中。

11 月 7 日（俄历 10 月 25 日），俄国十月革命爆发，诞生了世界上第一个社会主义国家，这是发生在 20 世纪最重大的事件。10 日，在事件发生后的第四天，上海《民国日报》就报道了这一消息。17 日，长沙《大公报》对此也作了报道。喜读报纸的毛泽东也看到了这条消息。然而，此时的他正忙于学业，忙于开办夜学，忙于新民学会的会务工作。

1918 年 6 月，毛泽东于湖南一师毕业后，又与蔡和森、萧子升等忙于筹备赴法勤工俭学运动。

受俄国十月革命的影响和五四运动的推动，1919—1920 年，中国共有 1600 多人赴法国勤工俭学，其中湖南有 346 人。毛泽东虽是赴法勤工俭学的积极组织者，但他并不主张大家都去法国，而是主张一部分人去俄国，提出"组一留俄队，赴俄勤工俭学"。他认为，"俄国是世界第一个文明国"。他为赴俄勤工俭学的事情，去信陶斯咏、黎锦熙，并专门和李大钊商量。他积极地准备着去俄国，甚至"想找一俄人，学习俄语"。可见十月革命后的苏俄，对他具有极大的吸引力。

1919 年 7 月 14 日，湖南省学生联合会刊物《湘江评论》创刊，毛泽东为主编和主要撰稿人。他在创刊词中说："世界什么问题最大？吃饭问题最大。什么力量最强？民众联合的力量最强。什么不要怕？天不要怕，鬼不要怕，死人不要怕，官僚不要怕，军阀不要怕，资本家不要怕。"

对于强权，只有"借平民主义的高呼，将他们打倒"。打倒强权的方法，不外乎"急（激）烈的"和"温和的"两种。毛泽东主张采用温和的方法，因为在他看来："一、我们承认强权者都是人，都是我们的同类。滥用强权，是他们不自觉的误谬与不幸，是旧社会旧思想传染他们、贻害他们。二、用强权打倒强权，结果仍然得到强权，不但自相矛盾，并且毫无效力。"

既然不用强权的方法打倒强权，那么又有什么良策呢？毛泽东提出了"无血革命"。他说：在对人的方面，主张群众联合，向强权者为持续的"忠告运动"，实行"呼声革命"——面包的呼声，自由的呼声，平等的呼声——"无血革命"。不主张起大扰乱，行那没效果的"炸弹革命""有血革命"。

毛泽东后来说，这一时期"我对政治的兴趣越来越大，思想也越来越激进"，"我正在寻找出路"，这条路就是温和的"呼声革命"。

毛泽东创办新民学会，创办《湘江评论》，呼唤新思潮，推动社会改革。他表示要"踏着人生社会的实际说话"，"研究实事和真理"。他认为时代变革的大潮已经迎面扑来。他写道："时机到了！世界的大潮卷得更急了！洞庭湖的闸门动了，且开了！浩浩荡荡的新思潮业已奔腾澎湃于湘江两岸了！顺他的生，逆他的死。如何承受他？如何传播他？如何研究他？如何施行他？这是我们全体湘人最切最要的大问题，即是'湘江'出世最切最要的大任务。"

毛泽东传播新思潮主要的工具是手中的笔，是针砭时弊的文章。1919 年 11 月，长沙《大公报》聘请他为馆外撰述员，也就是特约记者。在此后的 3 年中，他为《大公报》写了许多文章，且深得读者喜爱。由此，毛泽东的社会活动能力和思辨才华越来越引人注意。他的恩师杨昌济致信时任北洋军阀政府教育部长章士钊时说："吾郑重语君，二子海内人才，前程远大，君不言救国则已，欲言救国必先重二子。"

杨昌济信中提及的"二子"，即指毛泽东和蔡和森。

俄国道路是新发明的一条路

1919 年 7 月 21 日，毛泽东在《湘江评论》上发表了《民众的大联合》一文，在论证民众大联合的理由时说："国家坏到了极处，人类苦到了极处，社会黑暗到了极处。"他呼吁中国要实行"思想的解放，政治的解放，经济的解放"，认为"压迫愈深，反动（抗）愈大，蓄之既久，其发必速"。在这篇文章中，毛泽东第一次提到并赞颂了俄国的十月革命。他说："我们且看俄罗斯的魏猻十万，忽然将鹫旗易了红旗，就可以晓得这中间有很深的道理了。"

俄国打倒贵族，驱逐富人，劳农两界合立了委办政府，红旗军东驰西突，扫荡了多少敌人，协约国为之改容，全世界为之震动。

但毛泽东仍不太认同暴力革命。他说："联合以后的行动，有一派很激烈的，就用'即以其人之道还治其人之身'的办法，同他们拼命倒担（捣蛋）。这一派的首领，是一个生在德国的，叫做马克思。一派是较为温和的，不想急于见效，先从平民的了解入手。人人要有相互的道德和自愿工作。贵族资本家，只要他回心向善，能够工作，能够助人而不害人，也不必杀他。这派人的意思，更广，更深远。他们要联合地球做一国，联合人类做一家，和乐亲善——不是日本的亲善——共臻盛世。这派的首领，为一个生于俄国的，叫做克鲁泡特金。"

当然，毛泽东的思想绝非一成不变，仍在思索和寻找中。他对十月革命的成功十分向往，较之一年前又多了肯定的语气，可对于在中国实行十月革命的手段，又是矛盾和犹豫的。

1920年9月5日，毛泽东在《大公报》发表的文章中说："如列宁之以百万党员，建平民革命的空前大业，扫荡反革命党，洗刷上中阶级，有主义（布尔失委克斯姆），有时机（俄国战败），有预备，有真正可靠的党众，一呼而起，下令于流水之原，不崇朝而占全国人数十分之八九的劳农阶级，如响斯应。俄国革命的成功，全在这些处所。中国如有彻底的总革命，我也赞成，但是不行（原因暂不说）。"

在这里，十月革命被毛泽东定义为"平民革命的空前大业"，造成革命成功的3个要素是主义、时机和群众。主义是第一位，即布尔什维克主义（文中译为布尔失委克斯姆），就是列宁的暴力革命和无产阶级专政。

毛泽东认为，"主义譬如一面旗子，旗子立起来了，大家才有所指望，才知所趋赴"，革命才能成功。他赞成中国也可以实行这种"彻底的总革命"，可囿于不便言明的原因，又说"不行"，可见，他对走十月革命的道路，还是没有十足的信心。

10月，英国著名哲学家罗素到中国访问，并于26日来到长沙。毛泽东应《大公报》之邀，担任罗素演讲会的特约记录员。罗素发表了题为《布尔什维克与世界政治》的演讲，肯定地指出，社会主义优于资本主义，并将代替资本主义。主张共产主义，但又不赞成"劳农专政"，不赞成布尔什维克主义。主张用教育的方法，促使有产阶级觉悟，以至不要妨碍自由，不要兴起暴力革命，不要引起战争。

罗素的演讲头头是道，但未能引起毛泽东的共鸣。12月1日，毛泽东在致蔡和森、萧子升等赴法勤工俭学的新民学会会员的信中，明确表示："我对于罗素的主张，有两句评语，就是'理论上说得通，事实上做不到'。"

在此之前，蔡和森已给毛泽东来信，就中国的出路提出了自己的意见："我现认清社会主义为资本主义的反映，其重要使命在打破资本经济制度，其方法在无产阶级专政。"又说，"我认为现世界不能行无政府主义，固在现世界显然有两个对抗阶级存在，打倒有产阶级的迪克推多（英文 dictatorship 的音译，意为专政、独裁），非以无产阶级的迪克推多压不住反动，俄国就是个明证，所以我对于中国将来的改造，以为完全适用社会主义的原理和方法。"

毛泽东赞成蔡和森的意见，主张采用"马克思的方法"，"应用俄国式的方法去达到改造中国与世界"。他说："我看俄国式的革命，是无可如何的山穷水尽诸路皆走不通了的一个变计，并不是有更好的方法弃而不采，单要采这个恐怖的方法……历史上凡是专制主义者，或帝国主义者，或军阀主义者，非等到人家来推倒，决没有自己肯收场的……我对于绝对的自由主义，无政府的主义，以及德谟克拉西主义，依我现在的看法，都只认为理论上说得好听，事实上是做不到的。"蔡和森在信中告诉毛泽东，走十月革命的道路，"先要组织共产党"。毛泽东复信明确表示"深切的赞同"。

1921 年 1 月 1 日和 2 日，毛泽东在长沙新民学会新年大会发言时表示：走十月革命的道路，"我极赞成。因俄式系诸路皆走不通了新发明的一条路"。"激烈方法的共产主义，即所谓劳农主义，用阶级专政的方法，是可以预计效果的，故最宜采用"。

在此之前的 1920 年 6 月，毛泽东第二次到上海见陈独秀。在与陈独秀讨论所读过的马克思主义书籍时，陈独秀"表明自己信仰的那些话"（陈独秀信仰的正是马克思列宁主义、十月革命道路）给毛泽东留下了深刻印象。11 月，陈独秀又委托毛泽东在湖南组织共产党。此时已是一名共产主义者的毛泽东，合乎情理地选择了十月革命的道路。

（资料来源：《红岩春秋》，2018 年第 3 期）

第五章　中国革命的新道路

揭开蒋家王朝的面纱

1927年，轰轰烈烈的反帝反封建的大革命，由于国民党蒋介石、汪精卫集团的叛变而失败了。蒋介石反革命集团用无数革命人民的鲜血换取了大地主、大资产阶级和帝国主义的支持，建立了政权，并经过十数年的经营，建立了全国性的专制独裁的法西斯统治。为推翻蒋介石国民党的反动统治，争取人民民主和民族独立，中国人民又经历了长期的艰苦曲折的斗争。今天，当一些人肆意否定中国革命、极力为帝国主义和资本主义大唱颂歌的时候，我们有必要重新回顾历史，让广大人民群众更深刻地了解，蒋家王朝是怎样建立起来的，是一个怎样的政权，它给中国人民究竟带来了什么。

法西斯独裁政治

蒋家王朝的反动政权，是从建立一党专政的法西斯独裁政治统治开始的。

1927年"四一二"反革命政变后，蒋介石在南京建立了国民党中央党部和国民政府；而"七一五"反革命政变后，汪精卫集团把持了武汉国民党中央党部和原国民政府；原来的西山会议派虽然不掌握政府，但在上海也有一个国民党中央党部。三派都以反共反革命的先进自居，争夺国民党的正统。此外，北方还有阎锡山、张作霖、冯玉祥等军阀，南方还有桂系、粤系及北洋军阀的残余，也围绕国民党内部的斗争而展开争夺。但是，他们在镇压革命、屠杀革命人民方面却是共同的，这就决定着他们的最终合流。

1927年7月底，倾向于英、美的冯玉祥出面调停，积极促进蒋介石与汪精卫合作，向张作霖进攻，争夺北方的势力范围。而蒋介石则主张进攻武汉的汪精卫，因而得不到英、美帝国主义的支持，加上在津浦线上的北伐遭到失败，所以蒋介石在新军阀和国民党内的威信大为降低。汪精卫集团、西山会议派及粤、桂军阀要求蒋介石下野，实现国民党的统一。

1927年8月，蒋介石被迫宣告下野，于9月间同亲日派张群等前往日本访问。于是，蒋介石同亲日派汪精卫的对立变为合流。8月底，汪精卫到达南京，企图以国民党正统自居，掌握政权，但遭到蒋介石手下的政客和西山会议派的反对，只好退到广州，与粤、桂军阀和政客合作。

9月，根据孙科提议，在南京召开了蒋介石、汪精卫及西山会议派三派参加的国民党中央执监委员联席会议，产生了国民党中央特别委员会，改组了国民政府。但是，由于分赃不均，国民党中央特别委员会遭到国民党各派和各地军阀的反对，于是蒋介石复出又成为各方的意见。

蒋介石自发动"四一二"反革命政变后，就一直受到江浙财团和上海金融买办资产阶级的支持；在北伐战争的过程中，他又培植了一支嫡系军队；在国民党内又有甘心与之共进退的党棍和政客。这些，都使他成为国民党新军阀中最有实力的人物，因而也是帝国主义选择代理人的目标。他下野到日本后，美帝国主义担心他为日本利用，授权美国驻日大使与他签订了密约，使他得到了美帝国主义的支持。

12月，国民党宣布恢复蒋介石"国民革命军总司令"的职务。1928年1月9日，蒋介石正式宣告复职。2月2—7日，在蒋介石的一手操纵下，召开了国民党二届四中全会。在这次会上通过的《国民政府组织法》《军委会组织大纲》及《整理党务案》等文件中，强调了国民党对政府的指导和监督，强调了国民革命军总司令对全国海陆空三军的统一节制。这些，都为蒋介石国民党的法西斯一党专政和军事独裁铺垫了基础。并且，通过"党务整理"，要国民党党员重新登记，为其清除异己、培植亲信创造了条件。会后不久，蒋介石又担任了国民党中央组织部部长、中央政治会议主席，并以中央政治会议操纵国民政府。国民党二届四中全会后，蒋、冯、阎、桂四派军阀暂时互相妥协，他们的军队分别改编为四个集团军，并展开了与旧军阀争夺地盘的"北伐"。

1928年6月，奉系张作霖退出北京，在沈阳附近的皇姑屯车站被日本特务炸车身亡。12月，张学良宣布"东北易帜"，服从国民党中央和国民政府，蒋介石南京政府取得了全国形式上的统一。

取得中国形式上的统一后，蒋介石和国民党就着手建立法西斯一党专政的国家机器。他大力鼓吹"以党治国"，并把孙中山早年提出的"军政""训政""宪政"的"建国三时期"理论加以曲解，作为其法西斯独裁统治的理论根据。在所谓"以党治国"的精神指导下，1928年8月8—15日，国民党召开了二届五中全会。会上，虽然各方争争吵吵，反对蒋介石的独裁，要求保留各派的政治利益，但最后还是在"剿共"和镇压国内人民民主运动的问题上取得了一致，从而，也就承认了蒋介石的独裁地位。会后，蒋介石与国民政府主席胡汉民经过多次密商，达成联合执政的协议，并在10月3日，由国民党中央常务委员会通过了《训政纲领》。《训政纲领》规定：在训政时期，由国民党全国代表大会代表国民大会领导国民行使政权，国民党代表大会闭幕时以政权托付国民党中央执行委员会，国民党中央执行委员会政治会议为全国执行训政的最高领导机关，指导监督国民政府重大国务之施行，并有权修正和解释《国民政府组织法》，决定政治纲领、施政方针、军政大计、财政预算和重要官吏的任免等问题，交国民政府执行；由国民党作为国民的"训政保姆"，训练国民施行选举、创制、罢免、复决四种权利，国民政府负责行政、立法、司法、考试、监察的施行。《训政纲领》以国民党中央取代国民政府，加强蒋介石政治会议的权力，进一步将权力集中化，同时也完全剥夺了全国人民的政治权利。

1929年3月，国民党又召开了第三次全国代表大会。在规定出席代表406人中，蒋介石指定的211人，圈定者122人，共333人，占代表总数的81.2%。这次大会宣布军政时期结束，训政时期开始，追认了《训政纲领》，并特别通过了一项《奖慰蒋中正同志案》，把蒋介石作为孙中山以后国民党的最高领袖，吹捧他的反共反革命的所谓"功绩"，强调将全党一切权力统一于蒋介石的国民党中央，要求严格限制党员的言论和行动，党员要"以矢忠主义，牺牲个人之一切自由权利幸福为最高美德"。

国民党三大对蒋介石独裁地位的确立，引起了国民党内强烈的不满，各派新军阀更由于蒋介石蚕食其地盘、削减其军队而表示愤懑。因而，国民党三大之后，很快爆发了新军阀的混战。经过蒋桂战争、蒋冯战争和蒋冯阎中原大战，蒋介石先后击败了李宗仁、冯玉祥、阎锡山，认为"统一中国之局势已经形成，叛党乱国之徒今后决无能再起"，便积极召开国民会议，制定《训政时期约法》，为其法西斯独裁统治制造根据。

1931年5月5—17日，蒋介石在南京召开国民会议。会议期间，蒋介石极力鼓吹法西斯主义，认为只有法西斯主义政治理论，是"进化阶段中最有效能者"，是"今日举国所要求者"。会议通过的《训政时期约法》，用根本大法确认了蒋介石和国民党的法西斯一党专政和蒋介石个人独裁的政治体制。

国民会议以后，蒋介石为强化法西斯专政不仅继续强化军队，而且建立了"军统""中统"两套法西斯特务组织，在乡村则强化了封建的保甲连坐制度，使全国人民处于法西斯特务的监视之下，失去了基本的言论行动自由，陷入了空前黑暗的境地。

买办官僚垄断资本经济

蒋介石国民党政府建立独裁专制的法西斯政治统治，必然要建立相应的经济基础，这个经济基础，就是以蒋、宋、孔、陈为首的四大家族买办官僚垄断资本。这一经济基础，是通过政治权力、帝国主义国家的"输血"和榨取民脂民膏建立起来的。

1927年南京国民党政权建立后，首先建立和控制金融机构，实行金融垄断，迈开了经济垄断的第一步。"四行二局"成为他们控制金融、积累资本的主要机构。"四行"指的是中央银行、中国银行、交通银行和中国农民银行；"二局"指的是中央信托局和中华邮政储金汇业局。

中央银行是在1928年南京政府成立后建立起来的。在创办时就明确规定："中央银行为特许国家银行，在国内为最高之金融机关，由国家集资经营之。"南京政府拨款2000万元作为银行资本，在上海设立总行，由当时任财政部部长的宋子文兼任行长，享有国民党政府赋予的发行钞票、代理国库、募集或经理国内外公债的特权，其业务方针是统一币制、统一金库、调剂金融，起着控制全国金融的中心作用。

中国银行的前身是清政府的大清银行，辛亥革命后在清理大清银行的基础上重新组建，为官商合办。南京政府成立后，将总管理机构由北京迁到上海，并投入官股500万元，官商合股共有资本2500万元。之后，南京政府修订银行条例，发行金融公债，又加入官僚股2500万元，并由宋子文任银行董事长。

交通银行为清政府邮传部创设，原经理铁路、电报、邮政、航运4项事业的收支。南京国民党政府成立后，于1928年将总行由北京迁到上海，加入官股200万元，名为资助全国发展实业，实则是加强银行金融控制。到1935年，南京政府财政部颁发银行新条例，投入金融公债1000万元，官股增至1200万元，占资本总额的55%，蒋介石亲信胡笔江任董事长，唐寿民任总经理，将银行控制在蒋介石手中。

中国农民银行成立于1933年4月，总行设于汉口，称"豫鄂皖赣4省农民银行"，以鸦片税为基金，发行农民流通券，限于豫、鄂、皖、赣4省流通。其主要目的是，通过银行为蒋介石筹集"围剿"红色根据地的经费。到1935年，改称中国农民银行，标榜"供给农民资金，复兴农村经济，促进农业生产"，实际上则通过金融手段，向广大农民进行经济掠夺。

中央信托局成立于1935年，总局设于上海，主要经营信托、购料、易货、储蓄、保险等业务，是国民党政府从事军火买卖的主要机构。中华邮政储金汇业局成立于1930年，总局也设在上海，并在上海、南京、汉口设立分局，吸收存款，经营放款和汇兑。"二局"由南京政府直接经营，是四大家族搜刮资本的重要机构，也是他们向外购买军火的重要支柱。

四大家族在建立和控制垄断性金融机构的同时，还把黑手伸向民营银行，扩大金融垄断系统。1935年，他们利用中国通商银行、中国实业银行和四明银行3家老行滥发银行券而发生挤兑的时机，向3家银行投入官股，以官股控制了3家银行，成为四大家族官僚资本的附庸。另外，原称"北四行"的盐业、金城、中南、大陆和"南四行"的浙江兴业、浙江实业、上海商业储蓄银行和新华信托储蓄银行等私营银行，也逐步通过四大家族推荐人员、投入股份，而成为官僚资本的组成部分。通过创设银行及对民营银行的吞并和渗透，四大家族的金融网络很快形成。宋氏家族以中国银行及其附属银行为金融活动中心，孔氏家族掌握中央银行、交通银行，陈氏家族则以中国农民银行为其活动中心。蒋介石虽不直接掌握银行，却是3家银行的总的操纵者。他们通过所掌握和控制的金融机构，发行债券，吸收存款，发行货币，买卖外汇，收兑金银，一步一步地掌握了金融垄断权。统计数字表明，到1935年11月南京政府实施法币政策前，全国共有银行159家，资本总额为3.68亿元，其中3家国家银行的资本额就占1.59亿元，占全部银行资本总额的43.3%。加上官商合办和商办银行之中的官方股份，官股资本可占到全部银行资本总额的58%。而且，由四大家族直接经营和控制的金融机构，由于打着政府的招牌，在金融界拥有左右局势的权力和地位，因而，业务和盈利的扩展也十分迅速。仅以中央银行来看，从创办到1931年的4年中，资产总额即增加了2.5倍，各项存款增加5倍，发行兑换券增加了1倍以上，纯利收入增加了19倍。

1935年1月，在英、美帝国主义的支持下，南京政府公布紧急法令，实行币制改革，宣布由中央银行、中国银行、交通银行3家银行所发的钞票，从1月4日起，定为法币，由中央银行和交通银行集中发行。其他银行所发钞票应逐步收回，代之以中央银行钞票。此后其他银行不得续发新钞票，所有印发的新钞，收缴中央银行保存。宣布原以银币为单位的债务，都以相等面额的法币清偿，银元持有者应将其缴存政府，照面额换取法币。同时宣布，为稳定法币汇兑价的稳定，中央、中国、交通3家银行将对外汇无限制地购售。通过这一币制改革，实际上是放弃了银本位制，代之以外汇本位制，为帝国主义国家充当金融买办，并且使大量白银流入四大家族手中。据统计，到1936年，中央、中国、交通3家银行除原有存银外，仅就币制改革后增加的白银就有3亿多元。

在垄断金融的同时，四大家族也逐步对工商业实行垄断。在这一过程中，他们采取的办法是：对私营工商业投入和增加官股，对国营企业则投入"商股"，通过股份来控制这些企业，使他们成为四大家族的财产。无论私营企业中的官股，还是国有企业中的"商股"，都是四大家族将国有资产转化为私家资产而投入的，企业盈利，他们自然可以按股份得到优厚的利润；企业亏损或倒闭，却用不着他们去赔偿。另外，他们还通过收买破产企业，将其改造成为国有企业，实现其支配和垄断权。通过这些手段，四大家族在抗日战争前夕，已垄断了国民经济的主要部门。仅以商业为例，孔氏家族以"祥记商行"为中心，拥有七八个大的商号。宋氏家族的棉业公司，操纵了全国的棉花、棉纱和棉布市场；他的华南米业公司，垄断着洋米入口；其国货联营公司，垄断着国货和洋货买卖。陈家的商行也散布于全国。除此之外，他们对国计民生关系重大的食盐也以专卖的形式进行了垄断。在重工业方面，四大家族也通过与外国侵略势力合作，摧残和打击民族工业，取得了独占权。

四大家族的官僚买办垄断资本经济，在很大程度上是用于反革命的军事专政，用于对红色政权的"围剿"，军费支出是其主要开支。尽管四大家族不断扩大和加速对经济的垄断，还是难以维持浩大的军费需要。因而，他们还要靠帝国主义的"输血"，举借外债。1927—1937年，有案可查的外债即有14项，约4亿美元，大部分用在军费开支上。

通过官僚垄断资本和帝国主义的"输血"来聚敛财富，仍然满足不了蒋家王朝镇压革命、维持其统治的需要，因而，他们还要通过操纵国家机器，利用政治权力，搜刮民脂民膏，对广大劳动人民实行残酷的经济掠夺和压榨。其最突出的表现是税收和公债。

1928年，南京政府为简化税收制度，宣布将原行各种杂税并为"统税"，上缴中央财政。但"统税"的实行，并没有减少各种苛捐杂税，名目繁多的税收仍然在不断进行。特别是在广大农村，由于田赋和田赋附加税的日益加重，致使广大农民更加陷于水深火热、饥寒交迫的境地。所谓田赋和田赋附加税，名义上是向土地所有者征收，但在封建势力统治的农村，土地所有者——地主将土地租佃给贫苦农民，坐收租粮，把田赋和田赋附加税又转嫁到贫苦农民头上，以租粮来充当田赋附加税。因此，受沉重剥削和压榨的仍然是有小块土地的农民和大多数贫雇农。而且，田赋附加税名目繁多，往往超过正税数倍甚至数十倍。据当时的《东方杂志》对16个省区田赋附加税项目的统计，安徽、湖南、山西、广东、湖北、江苏等省的田赋附加税均在25种以上，其中江苏一省竟达147种。

除田赋及田赋附加税外，还有层出不穷的其他苛捐杂税，而且税率不断提高，给广大劳动人民带来沉重负担。诸如：食盐税1928年每斤为7.6元，比清朝末年增加了7倍；印花税1928年比1927年增加了5倍；煤油税率1929年高到售价的26%；产销税、营业税、通过税原定税率为货值的5%～25%，到1929年提高到30%。不仅如此，南京政府为了扩充税源，还在贵州、云南、江西、福建、湖北、安徽、四川、河北、山东等省，强迫农民种植鸦片，从中抽取每亩30元以上的课税，其搜刮民脂民膏的手段，可谓无所不用其极。

税收之外，南京政府和四大家族搜刮民财的另一种举措是滥发公债。据不完全统计，1927—1931年间，南京政府以关税、盐税、统税为担保，发行公债10亿元以上。这些公债主要向金融界推销，采取的办法是，以五折、六折、七折押给银行，偿还时却按票面额实足支付，而且利息高达6～8厘。金融资本家通过购买公债获得厚利，四大家族更利用发行公债，积累了资本，控制了金融。由于公债是用盐税、关税、统税作担保，因而，偿还公债的负担就落在了广大劳动人民头上，公债发行愈多，劳动人民的负担就愈沉重。

总之，在国民党南京政府统治下，民族资本主义既受帝国主义侵略势力的挤压和封建主义的束缚，又遭到四大家族官僚垄断资本的鲸吞蚕食，只能处于艰难维持甚至破产的困境。而在广大农村，大地主高度集中土地，农民破产流离，加以战祸、天灾，更是民不聊生。推翻四大家族的反动经济基础，奋起抗争，是广大劳动人民的唯一出路。

屈辱外交

蒋介石和国民党是依靠帝国主义的扶持而建立政权的，比起清朝末年和北洋军阀的政府，它更带媚外性，更是不惜出卖国家和民族利益，换取帝国主义对它的宠信。1927年年初，蒋介石曾与日本方面多次接触，达成了反共卖国的秘密交易。蒋介石到上海后，英、美等侵华势力则答应以驻沪的3万多名侵略军支持蒋介石镇压革命。1927年5月，南京政府第一次发表媚外声明，声称对外"不采暴动手段"，也就是不允许中国人民反对帝国主义。同年7月，南京政府再次声明，声称不愿采取意在"损伤南京政府与列强友好关系"的行动，也就是要充当帝国主义列强的忠实走狗。同年12月，蒋介石重新上台，即发表对外方针的谈话，声称"要联合各国共同对付第三国际"，也就是自觉充当帝国主义反苏反共反革命的国际宪兵。所有这一切，都奠定了蒋介石国民党洋奴外交、卖国求荣外交政策的基础。

蒋介石卖国求荣的洋奴外交换取了帝国主义的有限让步，于1928年发起所谓与帝国主义国家改订新约的运动。

在这项活动进行前，外交部部长黄郛即发表6点声明，生怕触犯帝国主义的利益，一再强调，要与"各友邦维持并增进其亲善关系"，"对于干涉中国内政，或破坏中国社会组织之外国，国民政府为保全本国之生存计，不得不采取并施行最适宜之应付办法"。当然，所谓"最适宜之应付办法"，也不会违背其所谓"维持并增进其亲善关系"的原则。

1928年7月，南京政府开始与外国帝国主义国家改订新约。当时，与中国订立关税协定并继续行使的，有美国、英国、法国、日本、意大利、荷兰、比利时、葡萄牙、瑞典、挪威、丹麦、西班牙12国。其中，到1928年条约期满的有日本、意大利、比利时、葡萄牙、丹麦、西班牙6国。改订新约，日本首先反对。美国为树立自己的在华优势，抢先与南京政府谈判，但提出的原则是"对于美国人民生命财产及合法之权利应予以适当并合宜的保护"，"美国人所享之待遇，较之对于任何其他国人民利益之待遇应无歧视"。其实质，一是要求"利益均沾"，二是要求保留其最惠国待遇。南京政府接受美国的要求，与美国签订了《中美两国关税关系条约》，接着，也接受其他国家的同样要求，分别与之签订了新关税条约。新关税条约的签订，更加敞开了帝国主义商品输入和资本输入的大门，使帝国主义把持了中国的交通、电信、财政、金融和其他重工业。到1936年，在中国82.1亿元产业资本中（不含东北），外国资本达64.34亿元，占78.4%。中国的经济更仰赖于帝国主义。

改订新约，是帝国主义国家为扶植蒋介石国民党而作出的有限度的让步，并不是国民党争取来的。这种让步是蒋介石用奴颜婢膝的乞求换取的，换取这种让步的代价，是听命于帝国主义，牺牲全国人民的利益。其突出表现是对"宁案"和"济案"的处理。

"宁案"是指1927年3月北伐军占领南京后，英、日、美、法等帝国主义国家借口保护侨民和领事馆而制造的炮轰南京事件。1927年3月24日，由共产党人林伯渠、李富春参加领导的北伐军第2军、第6军打败直鲁联军，占领南京。英、法、美、日、意等帝国主义者，竟向中国提出严重抗议。当天晚上，这些国家驻南京领事，借口所谓"保护侨民和领事馆不受暴民侵害"，命令停泊在下关江面的各国军舰对南京进行炮轰，打死打伤中国军民2000多人，毁坏房屋无数。帝国主义者并不以此为满足，还在事后向武汉国民政府发出所谓最后通牒，提出"惩凶""道歉""赔偿""保障"4项无理要求，遭到武汉国民政府的驳斥和拒绝。但是，蓄谋叛变革命的蒋介石，在当时就派出特使与各国领事会晤，取得了共同消灭共产党的一致意见。国民党南京政府成立后，英、美等帝国主义国家以谈判解决"宁案"为开端，与南京政府建立外交关系。1928年2月谈判开始，英、美、法等国大使纷纷南下，国民党政府趁机大献殷勤。3月16日，南京政府同时下达了"通缉宁案要犯林祖涵"和"保护外侨令"两道命令，颠倒是非，竟然胡说中国人民损害了帝国主义的国旗、领事馆和侨民，诬蔑共产党人制造暴乱，公然承认帝国主义杀害中国人民的所谓"正当"和"合理"，无耻地向帝国主义者"深表歉意"，"担任充分赔偿"，并承认在事件发生时，就枪决了士兵19名和当地人民33人。"宁案"的处理，充分暴露了蒋介石和国民党甘当帝国主义走狗、血腥镇压革命的无耻嘴脸。

"宁案"解决后，南京政府又和日本帝国主义谈判，解决"济案"。

1928年4月，南京政府举行"北伐"，向奉系军阀展开进攻。一贯支持奉系军阀的日本帝国主义为阻挡蒋介石的"北伐"，于5月3日出兵侵占济南，进行了血腥的屠杀，中国军民死伤万余人，财产损失达2900余万元。当时，蒋介石生怕触犯日本帝国主义的利益，命令他的"北伐"队伍忍受，说什么"为救一日人，虽杀十人亦可"，"日本要求枪支，即以枪支与之，要求作俘虏时，即听其捕作俘虏"。于是，蒋介石的"北伐"军队绕道北上，放任日本军队屠杀济南人民。

"济南惨案"发生后，立刻引起了全国的反日浪潮，日本迫于形势压力，于1928年7月与南京政府谈判。日本代表坚决否认日军屠杀济南人民的责任，反而要南京政府道歉、赔偿、惩凶。消息传出，南京市民捣毁了主持谈判的国民党外交部部长王正廷的住宅，对国民党政府的投降外交表示抗议。为避免全国人民的反对，谈判改为秘密进行。到1929年3月28日，双方签订了《议定书》，决定设立中日共同调查委员会实地调查双方各自损失，不但不要求日本赔偿中国的损失，反而要承担日本"损失"的责任，投降卖国的可耻行径令人发指。事后，双方发表声明，声称"视此不快之感情，悉成过去，以期两国帮交，益臻敦厚"。蒋介石集团又一次以牺牲人民的利益，换取了帝国主义的支持。

在对帝国主义屈膝投降，大肆出卖民族利益的同时，蒋介石和国民党又在国内大肆煽动反苏情绪，与苏维埃俄国断绝了外交关系。

蒋介石国民党投降卖国的屈辱外交，将中国进一步引向了殖民地、半殖民地的深渊……

（资料来源：《党史文汇》，2000年第7期）

实践课堂

项目一 朱毛会师井冈山

· 实践类型

情景剧表演

· 实践目标

通过排演朱毛会师井冈山的情景剧，使学生进一步了解井冈山的斗争与中国革命新道路开辟的关系，知道中国革命新道路的开辟是马克思主义中国化的具体体现，中国共产党人把马克思主义的基本原理与中国革命的具体实践相结合时，中国革命就能取得胜利。

· 注意事项

剧本编写要根据历史事实，不可改变历史事件，要对历史背景和时代环境做好充分的准备，角色安排要合理，要充分体现人物性格，不可随意亵渎历史人物；表演要冷静、沉着，不要受外界、忘词、其他演员及其他临时状况影响，即使发生小失误也要继续表演下去。

· 活动流程

1.任课教师提前1～2周布置任务，让学生有充足的时间做准备，并说明活动主题、学生要做的准备工作及注意事项。

2. 选 1 名学生作为主持人，负责活动流程、节奏把控及场景布置；选两名学生负责视频录制及后期制作。

3. 学生分为若干小组，每组 10 人，各小组分工合作，收集资料，编写剧本，确定演员，准备道具，排练演出，任课教师进行指导。

4. 学生分组入座，主持人确定各小组演出顺序，各小组做准备；任课教师做活动动员，并重申注意事项，宣布表演开始。

5. 各小组按顺序进行表演，负责录制视频学生做好录影。

6. 表演完毕，各小组分组进行讨论。

7. 任课教师作最后点评，并对活动进行总结评价。（100 分）

（1）小组合作及分工情况评价。（20 分）

（2）资料收集情况评价。（20 分）

（3）剧本内容评价。（30 分）

（4）现场表演情况评价。（30 分）

• 实践成果

各小组表演的视频

• 参考资料

活动评价表

项目	标准	得分	教师评语
合作	分工明确、工作到位		
资料	准备充分、内容翔实		
剧本	主题鲜明、角色合理、对白精彩		
表演	主角抢眼、情绪饱满、代入感强		
小组：_____ 总分：_____			

朱毛胜利会师井冈山

正当井冈山革命根据地取得蓬勃发展的时候，1928 年 3 月初，中共湘南特委代表周鲁来到井冈山，贯彻中央的"左"倾盲动政策。

为什么湘南特委的代表能够到主要位于江西境内的井冈山来发号令呢？这同

当时的特殊环境有关。井冈山地处湘赣边界，同中共湖南省委和江西省委都有联系。但边界秋收起义是湖南省委组织的，领导起义的前敌委员会也是湖南省委任命的，这些历史原因加上当时的交通条件使毛泽东一直主要向湖南省委报告和请示工作。1927年冬到1928年春，湖南省委多次遭到严重破坏。于是，对井冈山的指导责任就落到湘南特委身上。1928年3月，中共中央决定湘东特委和赣西南特委"合并归湘南指挥"。

周鲁是湘南特委军事部长、省军委特派员。他到井冈山后，根据中共中央1927年11月临时政治局扩大会议决议和12月31日给湖南省委的指示，指责井冈山"行动太右，烧杀太少"，没有执行"使小资产变成无产，然后强迫他们革命"的政策；批判毛泽东是"右倾逃跑""枪杆子主义"，并把中央开除毛泽东中央临时政治局候补委员的决定误传为"开除党籍"；取消以他为书记的前敌委员会，改组为不管地方只管军事的师委，以何挺颖为书记。这样，毛泽东一度成为"党外人士"，不能担任前委书记和党代表，只能担任工农革命军第一师师长。这对毛泽东自然是极为严重的打击，但他的革命意志没有一点动摇，积极地担当起师长的职务。他在队前向指战员讲话："军旅之事，未之学也，可是中国有句俗语，'一个篱笆三个桩，一个好汉三个帮'，大家群策群力，不愁打不好仗。"湖南特委代表命令他将部队开向湘南，配合湘南暴动。毛泽东把队伍带到湖南酃县中村（井冈山边沿地区），停下来整训，搞土改试点。尽管如此，井冈山中心区域宁冈仍因主力外出而被国民党军队占领了一个多月，遭受很大损失。

这种挫折只是暂时的。当工农革命军第一师驻军酃县中村时，两件使人兴奋的消息传来了：一件是看到中共中央的文件，澄清了将毛泽东"开除党籍"的误传，扫除原来笼罩在人们心头的一片阴影，毛泽东又可以在部队中发挥领导作用了；另一件是得知朱德、陈毅、王尔琢率领的南昌起义军余部在发动声势浩大的湘南暴动取得巨大成功后遭到强大敌军追击，正向井冈山方向撤退。

毛泽东立刻派袁文才、何长工率第二团西进资兴，接应从郴县撤出的湘南农军；自己率第一团在桂东、汝城方向阻击国民党追击部队。4月20日，他同团长张子清又指挥第一团占领酃县县城并在城西阻击追敌，掩护朱德部撤退。4月24日前后，毛泽东率第一团返回宁冈砻市，同先两天到达砻市的朱德、陈毅的部队会合。这年，朱德42岁，毛泽东34岁，从此开始了他们长期密切合作的战斗生涯。毛泽东见到朱德时说："这次湘赣两省国民党军竟没有整倒你们！"朱德说："我们转移得快，也全靠你们的掩护。"接着，他们在龙江书院举行两部营以上的干部会，确定将两部合编为工农革命军第四军的各项决定，由朱德任军长，毛泽东任党代表，陈毅任教导大队队长，共辖六个团。在中共第四军第一次党代表大会上，选举产生第四军军委，毛泽东当选为书记。在由湘南郴州、莱阳等县农民编成的第三十、三十三两个团开回湘南后，把军以下的师的番号撤销，由军部直辖 4 个团，那就是：由南昌起义军全部组成第二十八团，由湘南宜章农民军组成第二十九团，由湘赣边界秋收起义部队组成第三十一团，由袁、王部队组成第三十二团，兵力从原来的一千多人增加到六千多人，其中的主力是第二十八团和第三十一团。6 月，按中共中央会议决定，工农革命军第四军改称红军第四军，简称红四军。

朱、毛红军的会师，是中国工农红军发展史上的一件大事。朱德率领的南昌起义军全部是以具有很强战斗力的北伐劲旅叶挺独立团为基础形成的，有两千多人、近千支枪，训练严格，装备齐整，作战有经验。他们的到来，大大增强了井冈山革命根据地的实力。

[资料来源：金冲及《毛泽东传》（1893—1949），中央文献出版社 1996 年版]

项目二　重走长征路

• 实践类型

模拟导游

• 实践目标

通过开展模拟导游实践活动，收集相关资料，提高学生组织材料、口头表达等综合能力；在活动中培养学生的合作意识和合作能力；同时，通过模拟重走长征路，学生可以认识到革命历程的艰难曲折，体会红军不畏艰难险阻、不怕牺牲的革命精神，从而更好地学习红军的长征精神。

• 注意事项

长征内容丰富，路线长，因此，在准备活动中，要尽可能多地收集资料，小组成员要通力合作，这样才能把资料准备得更齐全；导游词的编写要符合事实，逻辑严谨、思路清晰，站在游客的角度考虑总体框架和内容；解说过程中，要吐字清晰、礼貌热情，照顾到每位游客的感受。

• 活动流程

1. 任课教师提前布置任务，说明活动主题、注意事项。

2. 将学生分为若干小组，每组 10 人，各小组分工合作，收集有关红军长征的文字、影像、实物等资料。

3. 各小组根据收集好的资料绘制旅游路线图，写出导游词（导游词必须与长征途中有关重要战役、会议、历史事件或重要历史人物等内容有关），并搭配相关的图片和影像资料。

4.活动开始，各小组选派 1 名成员依次向大家讲解。

5.讲解结束，各小组进行讨论。

6.各小组提交本小组准备的相关资料（旅游路线图、导游词、图片和影像资料）。

7.任课教师作最后总结评价。（100 分）

（1）小组合作及分工情况评价。（20 分）

（2）旅游路线图评价。（30 分）

（3）导游词评价。（20 分）

（4）导游讲解情况评价。（30 分）

· **实践成果**

各小组提交的旅游路线图、导游词、图片和影像资料

· **参考资料**

活动总结评价表

项目	标准	得分	教师评语
小组	分工明确、合作积极		
路线图	路线准确、标注详细		
导游词	逻辑严谨、思路清晰、考虑全面		
讲解	吐字清晰、礼貌热情		
小组：_____	总分：_____		

长征途经主要地点及重要事件

1.湘江之战；2.通道会战；3.黎平会议；4.强渡乌江；5.遵义会议；6.四渡赤水；7.巧渡金沙江；8.会理会议；9.飞夺泸定桥；10.强渡大渡河；11.两河口会议；12.毛儿盖会议；13.包座战役；14.俄界会议；15.激战腊子口；16.直罗镇大捷；17.吴起镇会师；18.巴西会议；19.静宁会师。

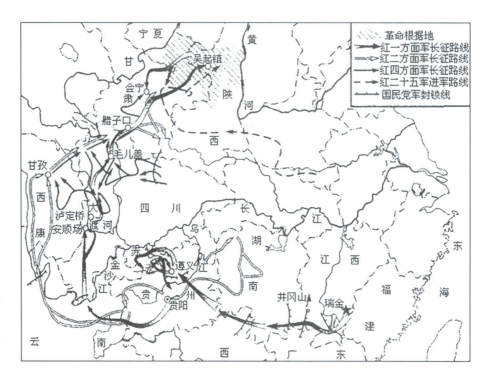

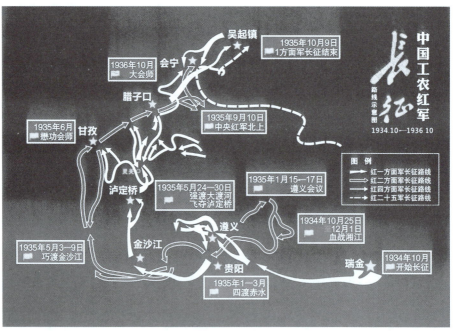

长征路线图

项目三 数风流人物，还看今朝

· 实践类型

诗词朗诵

· 实践目标

通过收集第一次国共内战时期的诗词并在课堂朗诵，体会大革命失败后，在白色恐怖笼罩下，中国共产党遇到的前所未有的困难，以及在严峻的考验面前，中国共产党人表现出的坚定的革命立场和大无畏的英雄气概，他们的精神，值得大学生学习和发扬。在朗诵和聆听的过程中，感悟那个时代先辈们视死如归的精神，以升华当下大学生的爱国情感。

· 注意事项

朗诵诗词要注意诗词的文学性、艺术性和表演性。朗诵是一种传情的艺术，选择材料时，首先，要注意选择那些语言具有形象性而且适于上口的诗歌；其次，要根据朗诵的场合和听众的需要，以及朗诵者自己的爱好和实际水平，选出合适的作品。注意诗词的选取范围，在查阅资料时要充分了解该诗词的创作背景，从中体会诗人/词人所要表达的情感。

· 活动流程

1. 任课教师提前1周布置任务，说明注意事项，选定1名学生作为主持人，负责朗诵会的节奏把控和主持事宜。

2. 学生分组（每组10人）进行准备活动，各小组成员分工合作，收集相关诗词，汇总选出比较适合的若干首诗词，再选出3名学生进行朗诵。

3. 被选中的学生每人挑两首进行练习，其他小组成员帮忙改进，每名学生最终选定1首大家认为朗诵得好的诗词，在课堂进行朗诵。

4. 主持人宣布活动开始，并安排好朗诵顺序，各小组朗诵者依次开始朗诵。朗诵前朗诵者先用1～2分钟讲解所朗诵诗词的创作背景及作者所表达的情感，然后开始朗诵，其他学生认真聆听并进行打分，本小组成员不对本小组朗诵者进行打分。

5. 朗诵结束，主持人找两名学生统计分数。

6. 各小组以小组为单位提交活动总结。

7. 任课教师给得分最高的前3名颁发奖品，并对活动进行总结。

· 实践成果

各小组提交的活动总结

· 参考资料

诗词朗诵评分表

选项 得分 姓名	思想内容 主题鲜明，内容积极向上，表现真情实感，满分30分	语言表达 普通话标准，口齿清晰，有表现力、感染力，满分30分	形象举止 精神饱满，举止大方得体，满分20分	综合表现 根据选手表现作出综合素质考评，满分20分	总分

朗诵诗歌的技巧

一、朗诵前的准备

朗诵是朗诵者的一种再创作活动。这种再创作，不是脱离朗诵的材料去另行一套，也不是照字读音的简单活动，而是要求朗诵者通过原作的字句，用有声语言传达出原作的主要精神和艺术美感。不仅要让听众领会朗诵的内容，而且要使其在感情上受到感染。

为了达到这个目的，朗诵者在朗诵前必须做好一系列的准备工作。

1. 选择朗诵材料

朗诵是一种传情的艺术。朗诵者要很好地传情，引起听众共鸣，首先要注意材料的选择。选择材料时，首先要注意选择那些语言具有形象性而且适于上口的诗歌。因为形象感受是朗诵中一个很重要的环节，干瘪枯燥的书面语言对于具有很强感受能力的朗诵者构不成丰富的形象感受。其次要根据朗诵的场合和听众的需要，以及朗诵者自己的爱好和实际水平，在众多作品中，选出合适的作品。

2.把握作品的内容

准确地把握作品内容，透彻地理解其内在含义，是作品朗诵重要的前提和基础。固然，朗诵中各种艺术手段的运用十分重要，但是，如果离开了准确透彻地把握内容这个前提，艺术技巧就成了无源之水、无本之木，成了一种纯粹的形式主义，也就无法做到传情，无法让听众动情了。

要准确透彻地把握作品内容，应注意以下几点：（1）正确、深入地理解；（2）深刻、细致地感受；（3）丰富、逼真地想象。

3.注意诗歌朗诵时的感情

朗诵时要避免"矫揉造作"。诗歌朗诵和其他文体的朗诵一样，要自然，不可以做作。诗歌的感情虽然比其他文体来得强烈，但仍然是发自内心的真情流露。要朗诵好一首诗，首先要认真阅读，领会作者的感情，然后努力地去引起共鸣，使自己的感受接近作者的情感。

只有这样，朗诵才能成功地再现作者的情感，听众听起来才会觉得"自然"。如果朗诵者并不领会作者的情感，只是"估计"作者的情感，那就很容易失去分寸。如果失去了内在的感情基础，单单依靠技巧来支撑，听众听起来就必然会感到"做作"了。

二、朗诵时的技巧

1.注意对符号的运用

朗诵者在分析体味文字作品的准备工作中，为了清楚准确地表达作品的中心思想和更好地实现朗诵目的，往往在文字中做些标记，以提醒自己注意。我们把这些标记称作"朗读符号"。目前，朗读符号还没像标点符号那样有统一的标准。

2.注意诗歌的停顿

停顿是指朗诵过程中声音的断和连。我们在朗诵时，既不能一字一停，断断续续地进行，也不能字字相连，一口气念到底，无论是朗诵者还是听众，无论是生理要求还是心理要求，朗诵中的停顿都是必不可少的；它既是显示语法结构的需要，更是明晰表达语言、传达感情的需要。

3.注意朗诵时的语速

语速是指朗诵时在一定的时间里，容纳一定数量的词语。世间一切事物的运动状态和一切人在不同情境下的思想感情总是有千差万别的。朗诵各种文章时，要正确地表现各种不同的生活现象和人们不同的思想感情，就必须采取与之相适应的不同的朗诵速度。

第一次国共内战时期诗词推选

西江月·秋收起义

毛泽东

军叫工农革命，旗号镰刀斧头。

匡庐一带不停留，要向潇湘直进。

地主重重压迫，农民个个同仇。

秋收时节暮云愁，霹雳一声暴动。

就义诗

夏明翰

砍头不要紧，

只要主义真。

杀了夏明翰，

还有后来人。

忆秦娥·娄山关

毛泽东

西风烈，

长空雁叫霜晨月。

霜晨月，

马蹄声碎，

喇叭声咽。

雄关漫道真如铁，

而今迈步从头越。

从头越，

苍山如海，

残阳如血。

无题

聂荣臻

安顺急抢渡，

大渡勇夺桥。

两军夹江上，

泸定决分晓。

过草地

张爱萍

绿原无垠漫风烟，蓬高没膝步泥潭。
野菜水煮果腹暖，干草火烧驱夜寒。
随意坐地堪露宿，卧看行云逐浪翻。
帐月席茵刀枪枕，谈笑低吟道明天。

长征

林伯渠

刚过草地到巴阿，无那西风日末斜。
且喜境界新耳目，不虞粮秣少胡麻。
巨猿解缆技殊巧，野虻射人事可嗟。
前路纵遥知马力，谁予便利敢分家。

七律·长征

毛泽东

红军不怕远征难，万水千山只等闲。
五岭逶迤腾细浪，乌蒙磅礴走泥丸。
金沙水拍云崖暖，大渡桥横铁索寒。
更喜岷山千里雪，三军过后尽开颜。

江城子·忆长征

李志民

长征万里路遥迢，风萧萧，雨飘飘。
浩气比天，千军势如潮。
为雪国耻洒热血，真理在，恨难消。
梦断推窗听鼓角，冷月皎，流萤高。
身居京华，常盼归鸿早。
抽出心丝填旧句，写往事，万年骄。

沁园春·雪

毛泽东

北国风光，千里冰封，万里雪飘。
望长城内外，惟余莽莽；大河上下，顿失滔滔。
山舞银蛇，原驰蜡象，欲与天公试比高。

须晴日，看红装素裹，分外妖娆。

江山如此多娇，引无数英雄竞折腰。

惜秦皇汉武，略输文采；唐宗宋祖，稍逊风骚。

一代天骄，成吉思汗，只识弯弓射大雕。

俱往矣，数风流人物，还看今朝。

第六章　中华民族的抗日战争

1937 年 12 月惊心动魄的南京光华门保卫战

　　1937 年 12 月 5 日，侵华日军向中国的首都南京城发起猛烈进攻，经过数天的血战，终于突破中国守军的外围防线，于 12 月 9 日晨打到了南京的第二道防线，即紧邻南京城的复廓弧形防御线，以东北起自长江边的乌龙山、幕府山、杨坊山，向东延伸至紫金山、麒麟门、河定桥，再向西经雨花台，至长江边的板桥镇，为外廓；以南京城垣为内廓，形成城内、城外两线阵地互相支援的复廓防线。

　　12 月 9 日晨，日军各部开始向南京复廓阵地发动猛攻，与中国守军激战，其中第十六师团推进至麒麟门、沧波门一线，向紫金山的主阵地红毛洞、老虎洞发起攻击，逼近孝陵卫；第三师团第五旅团步兵第六十八联队进逼武定门；第十三师团山田支队从栖霞山向乌龙山、幕府山进击；第一一四师团与第六师团则在占领牛首山后，进抵雨花台、安德门、中华门、水西门、江东门一线附近；第九师团推进至高桥门、七桥瓮、中和桥、大校场机场、通光营房一线，其前锋部队——第十八旅团第三十六联队（联队长胁坂次郎大佐，因此亦称"胁坂部队"）逼近光华门、通济门。光华门血战展开。

　　日军第九师团，是日本在甲午战争后，于 1898 年新增建的 6 个师团之一，在金泽编成，士兵来自金泽地区的富山县、石川县、福井县，其司令部设于金泽，故又称为"金泽师团"，代号"武"；在日俄战争期间，隶属于乃木希典指挥的第三军，参加了对旅顺的攻坚战；此后，成为日军 17 个常备师团之一，装备较精良，战斗力仅次于第二师团和第六师团，在战争中经常打恶仗、硬仗，与第十八师团（久留米师团）并称为日本陆军的"双璧"。1932 年 1 月上海"一·二八"事变爆发后，该师团是日军进攻上海的主力部队；1935 年，奉调中国东北，隶属日本关东军；1937 年 2 月，调回日本国内休整。1937 年 8 月 13 日淞沪战役爆发后，该师团于 9 月 11 日被编入"上海派遣军"战斗序列，紧急从日本调往上海增援参战，9 月 23 日由日本大阪乘船出发，27 日在吴淞登陆。师团长为吉住良辅中将。11 月 12 日日军占领上海后，该师团于 12 月 3 日沿金坛、天王寺、淳化镇公路，向南京攻击前进；12 月 6 日，进至南京外围淳化镇；12 月 7 日，向南京东南部发起攻击；12 月 9 日，猛攻光华门。

光华门一线阵地位于紫金山防线的西南侧，雨花台阵地的东侧。

光华门，是南京内城十三座城门之一，位于南京城城墙的东南部，西侧为通济门、中华门，明代称正阳门，位于明皇宫南北中轴线上的最南端，时称明朝的"国门"。该城门是内外均为瓮城的复合型瓮城，对城内、城外有双重防御作用，是中国城墙建造史上的独创。城门外有护城河，有桥架设于护城河上。1911 年辛亥革命期间，以徐绍桢为总司令的江浙联军从此门攻入南京，12 月 2 日南京光复。1931 年（民国二十年），国民政府为了纪念辛亥革命江浙联军由此进入南京城，将正阳门改名光华门，喻光复中华之意。次年 4 月，由国民政府监察院院长于右任题写"光华门"匾额，镶嵌于城门之上。

中国守军担任光华门一线阵地防御的，是第七十一军第八十七师等部。

第八十七师为国军精锐，德式军械，但在上海血战 3 个多月，经过多次大规模补充新兵，全师共计 7000 多人。该师从上海撤退后，开始担任镇江防守，11 月底到 12 月初，所辖第二五九旅、二六零旅、二六一旅先后奉命自镇江西撤，抵达南京，担负防守中山门外卫岗、孝陵卫、中央体育场、白骨坟、孩子里、工兵学校直至光华门、通济门一线阵地。这是日军进攻的重点地区。

1937 年 12 月 8 日，日第十六师团向中山门外卫岗、孝陵卫、中央体育场、白骨坟、孩子里、工兵学校一向发动猛攻，第八十七师二六一旅陈颐鼎部担任这里的防守。"这一天的战况，从早到晚敌人的飞机轮番轰炸，地面炮火不断猛烈轰击中山门及其以南城墙，有一段被炸开缺口。敌地面部队不断向我白骨坟、工兵学校阵地进行佯攻。大小五棵松村到紫金山东南麓一片树林，不知是谁放的火，火头顺着风向席卷般地由东向西蔓延，情况十分紧张。"9 日晨，日军在小石山上升起一个观察气球，有约 1000 米高，用以对紫金山以南地区直到雨花台的中国守军阵地进行观察。日军继而在战机空袭与炮兵火力的掩护下，向工兵学校中国守军发动进攻。中国守军"这一阵地利用原有的永久工事构成强固闭锁堡，连连打退敌军多次冲击"。当敌军第三次进攻受挫后，第二六一旅旅长陈颐鼎"向上级建议，由孩子里经张家山向小石山敌右侧背施行反击，结果以'万一出击不成，影响防守阵地兵力'为由，未被采纳，坐受敌人打击"。南京卫戍司令部与唐生智司令官实施的是消极防御、被动挨打的战略战术，否定了部下主动出击的正确建议。

在日军的猛烈进攻下，中国守军被迫从城外退守光华门、通济门一线城墙阵地。12 月 10 日下午 5 时许，日军第九师团第十八旅团三十六联队（胁坂部队）的前锋——第一大队，150多人，由大队长伊藤义光少佐率领，乘中国守军从大校场机场后撤，快速跟踪，突入光华门瓮城的城门洞，企图冲进城内，情况万分危急。刚从光华门瓮城城门洞退入城内的中国守军，拼死抵抗，迅速关闭城门，并从城墙上以猛烈的火力，将这小股日军压制在城门洞内，切断了他们与城外大股日军的联系。与此同时，日军第三十六联队的另外一支部队，约百名，在坦克掩护下，分别从光华门两侧被炸塌的城墙缺口冲入城内，突入纵深约百米，"占据沿街两侧房屋作据点，掩护后续部队扩大战果，情况很严重"。

南京卫戍司令长官部得知小股日军突入光华门，急调援兵增援，同时严令第八十七师第二五九旅和第二六一旅，"一定要把突入之敌消灭掉，恢复原阵地"，封堵两个城墙缺口，"完不成任务拿头来见"。第八十七师第二五九旅旅长易安华和第二六一旅旅长陈颐鼎商定，"趁敌立足未稳，黄昏后开始行动"。10日刚入夜，易安华亲率一个加强团，从通济门外，向东北方向进攻侵入光华门之敌；陈颐鼎率两个加强营，由清凉巷、天堂村，协同第二五九旅，夹击突入光华门之敌背后，并阻止小石川附近敌人增援。"经过八个多小时的浴血奋战，终于将这股突入之敌全部歼灭。光华门内外横尸遍地……"在这场恶战中，第二五九旅旅长易安华将军、参谋主任钟崇新中校、第二六一旅参谋主任倪国鼎及两名营长、30多名下级军官和战士牺牲。11日晨，中国守军迅速用装满泥土的麻袋与石块，封堵了两处城墙缺口。

易安华，江西宜春人，1900年生，1925年入黄埔军校第三期宪兵科，次年毕业，任军校宪兵教练所见习少尉队长，后调任中央宪兵团排长，参加北伐；1927年升任浙江警备司令部第三补充团上尉连长；1928年入南京中央陆军军官学校，次年入中央教导队；毕业后任教导第一师第一团上尉连长；1930年中原大战后升任少校营长；1931年，教导师改编为陆军第八十七师，任该师第二六一旅五二二团中校团副；1932年赴上海增援十九路军抗日；1933年冬，升任该团上校团长；1937年8月参加淞沪会战，升任该师第二五九旅旅长；11月，奉命撤离上海，任镇江戒严司令；12月，参加南京保卫战。他在战前曾写下"望并燕山"的匾额，抒发了他的爱国深情："不灭倭寇，誓不生还。国将不国，何以家为？"

与此同时，即在1937年12月10日的深夜，教导总队第二团团长谢承瑞在得到总队长桂永清的同意后，指挥所部，在光华门城墙箭楼上，将多个拧开的汽油桶和大量木材摔下，再扔下手榴弹，在日军占据的城门洞内引燃熊熊大火。11日"拂晓，我军守卫在城墙上的各营连，利用居高临下之势，以密集火力压制敌人。这时，谢团长亲自率一排英勇的战士，突然把城门打开，十几挺轻机枪一齐向敌兵射击，多数均立遭击毙"。奉命赶来增援的粤军第八十三军第一五六师一部官兵，则组织敢死队，"用绳索从城墙上吊下去，用机枪和手榴弹把占据沙包袋洞里的敌人全部消灭"，打死了伊藤义光大队长，缴获了日军的轻机枪、步枪、左轮手枪、战刀、钢盔、呢大衣、千人缝等许多战利品；该部又歼灭了盘踞在通光营房的日军。光华门城门洞里剩下十几个日军，凭借用瓦砾筑起的临时防垒，苟延残喘，等待援军。"光华门及通济门方面遂得转危为安"。

这是南京保卫战中最为惊心动魄、最为壮烈的一场战斗。

12月11日，是南京保卫战的第6天。中央社南京12月11日晚10时电讯，报道了1937年12月10日傍晚至11日，中、日军队争夺光华门的激烈战况：[中央社南京12月11日下午十时电]："十日傍晚，光华门一带城垣被敌攻城炮击毁数处，敌军一部虽冲入城内，当即被我包围歼灭。敌遗尸五百余具，仅十余人生还。城垣被毁之缺口，约经我工程队赶堵，并添置防御工事。我军士气悲壮，人人抱必死之心，敌图唾手而得南京之梦想，已遭受第一次之严重打击矣。"

第八十七师、教导总队、粤军第八十三军第一五六师官兵的浴血奋战，使光华门、通济门一线的战况转危为安。

自此战后，中国守军在光华门、通济门一线城墙阵地，继续顽强战斗，抗击日军的多次攻击，坚守了两天两夜。直到12月13日晨6时，由于中国守军已经于前一晚奉命撤离，日军第九师团一部才占领光华门；一部自光华门与中山门间城墙炸开的缺口中攻入城中。

为保卫南京，为保卫中华民族的领土与尊严，而浴血奋战、为国牺牲的烈士们，永垂不朽！

（资料来源：抗日战争纪念网，2019年12月12日）

实践课堂

项目一　国共两党第二次合作

• 实践类型

模拟时事报道

• 实践目标

通过这次实践活动，深刻理解以国共合作为基础的抗日民族统一战线正式形成的原因和意义。让学生掌握在抗日民族统一战线的旗帜下，中国共产党成为反抗日本帝国主义侵略的中流砥柱，党所领导的人民革命力量在抗日战争中得到空前壮大，成为决定中国政治前途的根本力量。通过模拟时事报道，增强爱国主义情感，提高运用历史知识、表述历史问题的能力。

• 注意事项

做好充足的准备工作，通过查阅资料、阅读书籍等了解国共两党第二次合作的历史背景及原因，充分理解当时国共两党所处的环境；报道内容要做到标题醒目，时间、地点明确，内容具体，过程清楚，文字简洁，立场中立，态度客观。

• 活动流程

1. 任课教师提前 1～2 周布置任务，说明注意事项，明确活动主题。

2. 将学生分为若干小组，每组 10 人，各小组选取 1 名组长负责活动的统筹安排，各小组商议确定报道主题。

3. 任课教师选定 1 名主持人，作为活动的总策划人。

4. 各小组成员分工合作，收集资料、制作课件、撰写报道，选 1～2 名成员演练模拟报道，组长协调整个工作。

5. 主持人宣布活动开始，各小组报道人员依次进行模拟报道。

6. 每组报道结束，任课教师组织全体学生进行讨论，讨论时长 3 分钟；然后下一组继续进行模拟报道。

7. 活动结束，任课教师进行活动评价总结。

8. 各小组以小组为单位提交课件及撰写的报道。

• 实践成果

各小组提交的课件及报道

• 参考资料

活动评价表

序号	评价项目及标准	满分	得分	教师评语
1	小组合作及分工情况： 分工明确，合作度高，准备工作完成良好	20		
2	课件制作情况： 内容丰富，史料真实，版式精美	20		
3	报道撰写情况： 标题醒目，时间、地点明确，内容具体，过程清楚，文字简洁，立场中立，态度客观	20		

续表

序号	评价项目及标准	满分	得分	教师评语
4	课堂表现情况： 举止得体，吐字清晰，条理清楚，情绪饱满	40		
	小组：_____ 总分：_____			

国共两党第二次合作背景资料

1937年2月10日，中共中央致电国民党五届三中全会，提出了五项要求：停止内战，一致对外；保障言论、集会、结社的自由，释放一切政治犯；召开各党各派各界各军的代表会议，集中全国人才，共同救国；迅速完成对日作战的一切准备工作；改善人民生活。电文指出，如果国民党将上述五项要求定为国策，中国共产党愿意实行如下四项保证：停止武力推翻国民党政府的方针；工农政府改名为中华民国特区政府，红军改名为国民革命军；特区实行彻底民主制度；停止没收地主土地的政策，坚决执行抗日统一战线的共同纲领。从西安事变后到"七七"事变前，国共双方主要进行了三次会谈，即2—3月间的西安谈判、3月下旬至4月初的杭州谈判和6月的第一次庐山谈判。谈判主要围绕军队问题、国共合作形式和政权问题等进行。

从西安事变到"七七"事变半年多的谈判中，国民党在表面上虽未拒绝联共抗日，但设置了种种障碍，从而使谈判未取得实质性结果，蒋介石之所以在联共问题上忧虑徘徊，其根本原因是对日本还有幻想。他不仅认为中日关系还没有到"最后关头"，而且还"渐信日本已有较具理性的人物当政，其结果或能使狂热分子稍具戒心"。由于蒋介石联共主要是为中日关系的恶化作准备，所以只要日本不放弃侵略，他就感到有联共的必要；但只要中日关系还有一线缓和的希望，他就下不了联共的决心，所以直到"七七"事变前，蒋介石仍不断地劝告日本当局："错误的道路，走的还不算远。"如能停止进攻，两国关系"当会好转"。然而日本并不为所动，正在密谋发动更大规模的侵华行动，这也就必然推动蒋介石加快联共抗日的步伐。

经过多次谈判，蒋介石在原则上承认了国共合作抗日，并同意红军改编为三个师四万五千余人。1937年7月13日，中国共产党代表周恩来、秦邦宪、林伯渠到庐山，随即将《中共中央为公布国共合作宣言》交给了蒋介石。这个宣言强调：只有我们民族内部的团结，才能战胜日本帝国主义的侵略。同时，中共中央郑重声明：愿为彻底实现孙中山先生的三民主义而奋斗；取消苏维埃政府，改称特区政府；取消红军番号，改编为国民革命军；在特区内实行彻底的民主制度和停止以暴力没收地主土地的政策。同年9月22日，国民党中央通讯社发表了延搁两个多月的《中共中央为公布国共合作宣言》。9月23日，蒋介石发表谈话，实际上承认了中国共产党的合法地位。《中共中央为公布国共合作宣言》和蒋介石谈话的发表，宣告国共两党第二次合作的实现，标志着以国共合作为主体的抗日民族统一战线的正式形成。

（资料来源：姚群民、余守萍、甘培强《中国近现代史纲要实践教程》，
南京大学出版社2017年版）

项目二 精神的力量

· 实践类型

歌唱比赛

· 实践目标

通过学唱抗日救亡歌曲，使学生进一步加深对抗日战争是中华民族解放战争的理解，真切体会到抗日战争时期亿万民众奔赴战场，捍卫中华民族尊严的爱国热情和万众一心、同仇敌忾的高昂斗志；深刻感受爱国先烈们在当时吃不饱、穿不暖的艰苦条件下依然胸怀满腔的热忱，依然抱有必胜信心的顽强战斗精神和乐观主义精神。

· 注意事项

选曲前要了解抗日战争主题背景，了解歌曲的历史背景和表达的情感；选曲时，既要选择自己有把握唱好的歌曲，又要贴合抗日战争的主题，体现抗日先辈们的精神风貌和坚强意志；演唱时要放松心情、举止大方、精神饱满、情绪拿捏得当、吐字清晰。

· 活动流程

1. 任课教师提前1～2周布置任务，说明注意事项，明确活动主题。

2. 将学生分为若干小组，10人为1组，选组长1名，负责组织选曲、排练等事宜。

3. 任课教师统一组织，安排演出，设主持人1～2名，负责主持、维持活动秩序及把控活动节奏；设录像人员1～2名，负责拍摄活动过程及后期剪辑合成。

4.各小组根据选定的曲目自行决定演唱方式（独唱或合唱）及演唱人数，组长组织组员进行排练，并写一段歌曲介绍交给主持人，供主持人作报幕使用。

5.比赛开始，主持人介绍歌曲产生背景、表现的精神，每首1～2分钟。

6.各小组依次进行演唱。

7.任课教师进行点评。

8.任课教师根据歌曲介绍、表演效果为各组打分，并对前两名小组进行奖励。

• 实践成果

各小组的演唱视频

• 参考资料

歌唱比赛评分表

项目	评分标准	满分	得分	教师评语
歌曲介绍	准确得当、简明扼要	20		
团队配合	分工明确、合作默契	30		
表演效果	精神饱满、情感充沛	50		
小组：_____ 总分：_____				

抗日歌曲一览

抗日战争爆发前后遍及全国的群众性爱国歌咏活动，始自1931年"九一八"事变之后黄自等创作的合唱曲《抗敌歌》《旗正飘飘》和聂耳的《义勇军进行曲》《毕业歌》《新编"九一八"小调》等。"七七"事变后，救亡歌咏运动达到高潮。全面抗战，激发了艺术家的创作热情，促使他们源源不断地创作出大批艺术形式更多样、民族风格更鲜明的抗战歌曲，形成了"有人烟处，即有抗战歌曲"的形势。

《义勇军进行曲》：田汉词，聂耳曲。原为1935年电影《风云儿女》的主题歌，后伴随着全国救亡运动的热潮，迅速传遍了大江南北、长城内外，成为最著名的抗日歌曲。1940年，著名歌唱家保罗·罗伯逊用汉语演唱了《义勇军进行曲》，并灌制了唱片，使这首歌享誉世界。第二次世界大战即将结束之际，在盟军凯旋的曲目中，《义勇军进行曲》名列其中。新中国成立后，《义勇军进行曲》被定为中华人民共和国国歌。

《五月的鲜花》：光未然词，阎述诗曲。1935年，当日寇兵进山海关，威胁平津时，20余岁的张光年以笔名"光未然"写下了独幕剧《阿银姑娘》。该剧的序歌就是《五月的鲜花》。紧接着，作曲家阎述诗为这首歌谱了曲，使这支歌颂抗日志士、反对卖国投降的爱国抒情歌曲响遍了全国。

《松花江上》：张寒晖词曲。"九一八"事变后，日寇占领了东北，几十万东北军和人民流亡关内。当时西安街头也出现了大批东北军和东北的流亡者，他们中的许多人流离失所，啼饥号寒。当时在陕西省立西安二中任教的张寒晖见到这种流浪徘徊的惨景，和着泪水开始创作。1936年年底，在西安纪念"一二·九"运动1周年的游行队伍中，西安二中的同学们唱起这首歌曲走上街头，很快这首歌便从西安唱到华北，再唱到东北，唱到燃遍抗日烽火的每一寸土地上。此歌与1937年11月江陵作词、刘雪庵作曲的《离家》《上前线》构成流亡三部曲。

《大刀进行曲》：麦新词曲。"大刀向鬼子们的头上砍去！"这首歌可以说是抗日歌曲中唱着最过瘾、最解恨的一首歌曲。卢沟桥事变发生后，处在前线的国民党第二十九军的大刀队，英勇杀敌，大显神威。当时在上海工作的进步青年麦新（原名孙培元），以满腔的爱国热情创作了《大刀进行曲》，1937年8月，作者在上海浦东大厦亲自指挥了这首歌曲的首次演出，激起了听众强烈的共鸣，以惊天地泣鬼神、气壮山河的气概，为中华儿女吹起了抗日的号角，敲响了日寇终将灭亡的丧钟！

《长城谣》：潘子农词，刘雪庵曲。这是1937年毕业于上海国立音专的刘雪庵为左翼电影《关山万里》创作的、以长城为主题的插曲，是当时家喻户晓的爱国歌曲。《长城谣》经女高音歌唱家周小燕在新加坡演唱并灌制成唱片在国外发行，大大激起了东南亚和欧美侨胞的爱国热情，他们纷纷捐款，支援抗战。

《游击队歌》：贺绿汀词曲。"八一三"事变爆发后，贺绿汀随上海文化界救亡演剧一队沿沪宁、陇海、同蒲铁路线做抗日宣传工作，于1937年年底到达晋西南的临汾，住在城郊的刘庄八路军办事处。此时他创作了这首献给八路军全体将士的歌曲，在洪洞县高庄召开的八路军总司令部高级将领会议的一次晚会上首次演出，受到热烈欢迎。

《到敌人后方去》：赵启海词，冼星海曲。抗日战争爆发后，冼星海参加了洪深领导的上海演剧第二大队，深入田间地头、工厂矿井，宣传救国救亡。此时，群众性抗日救亡歌咏运动进入高潮。冼星海在紧张繁忙的工作之余，表现了极大的创作热情，《送棉衣》《江南三月》《太行山上》《到敌人后方去》等，都是这一时期创作中影响较大的抗日战歌。

《黄河大合唱》：光未然词，冼星海曲。1938年11月武汉沦陷后，诗人光未然带领抗敌演剧三队，从陕西宜川县的壶口附近东渡黄河，转入吕梁山抗日根据地。途中亲临险峡急流、怒涛旋涡、礁石瀑布的境地，目睹黄河船夫们与狂风恶浪搏斗的情景，聆听了悠长高亢、深沉有力的船夫号子。1939年1月抵达延安后，他一直酝酿着《黄河》词作，并在大年除夕联欢会上朗诵了这部诗篇。冼星海听后异常兴奋，很快完成了这部大型声乐名作。4月13日在延安陕北公学大礼堂首演（由邬析零指挥），引起巨大反响。

《团结就是力量》：牧虹词，卢肃曲。这首歌诞生于1943年6月，在敌后抗日根据地晋察冀边区平山县黄泥区的一个小村子。为了配合河北平山和山西繁峙的广大农村的减租减息斗争，牧虹和卢肃在三四天的时间里，突击创作了小型歌剧《团结就是力量》。该剧的幕终曲，就是《团结就是力量》这首歌。当时令作者们没有想到的是，这首歌后来在解放战争时，在国民党统治区大为流行，成为"反内战、反饥饿、反独裁"的有力武器。

《歌唱二小放牛郎》：方冰词，劫夫曲。1942年10月25日，13岁的王二小在反"扫荡"斗争中，把敌人引进埋伏圈而壮烈牺牲。当时河北涞源县青救会干部张士奎得到消息，马上把他的事迹报道给了边区青救会，《晋察冀日报》在第一版发表了这条消息。词作家方冰、曲作家劫夫根据这篇报道，立即创作了这首歌，很快这首歌便在中华大地传唱开来，这一唱就是70多年，感染了无数的国人。在抗日战争中，优秀的儿童抗战歌曲同样激励着中国人民浴血抗战，影响较大的还有《只怕不抵抗》《谁说我们年纪小》等。

（资料来源：百度文库，2019年3月9日，收入本书时有改动）

项目三　治愈战争的创伤

• 实践类型

公益活动

• 实践目标

虽然距离抗日战争胜利已经70多年了，但是在这70多年里，仍然有很多人在遭受着战争给他们带来的伤害，甚至他们将继续遭受战争的创伤。通过本次实践活动，学生尽己所能为治愈战争的创伤贡献自己的力量。在这一活动过程中，认识到战争的残酷和和平的美好。

• 注意事项

活动目的必须明确，行动必须有效，不能为了参与而参与，要让自己的行为起到真正的作用；活动范围要有利于达到活动目的；开展和举办社会公益活动，其规模和出资款项要以自己的经济实力和可能达到的目标为依据考虑，即量力而为；

要有完整的活动策划书，制订具体的方案，以便学生能更好、更有效地执行。

• 活动流程

1.任课教师宣布活动主题，号召大家积极参与实践。

2.任课教师选5名学生负责撰写活动策划书。

3.与"治愈战争的创伤"的承办方取得联系，并获得他们的指导和帮助。

4.开始制作横幅、海报、宣传板、传单。

5.学生通过公众号、微博、微信、QQ等途径，对此次公益活动进行宣传。

6.分别在各校区主干道、食堂门口、宿舍门口张贴宣传海报，并发放一定量的传单，号召大家为治愈战争的创伤捐款，并招募志愿者去帮助那些深受战争余害的人。

7.将所筹集到的钱款交给"治愈战争的创伤"的承办方，然后志愿者配合"治愈战争的创伤"的承办方对战争受害者进行帮助。

8.每名学生根据此次活动写一篇感想提交给任课教师，不少于1000字。

• 实践成果

活动策划书及活动感想

• 参考资料

活动策划书格式及写作方法

一、名称

尽可能具体地写出策划名称，如××××年×月××大学××活动，置于页面中央，也可以在写出正标题后将此作为副标题写在下面。

二、活动背景

根据活动特点在以下项目中选取内容重点阐述：基本情况简介、主要执行对象、近期状况、组织部门、活动开展原因、社会影响及相关目的。

还应说明问题的环境特征，主要考虑环境的内在优势、弱点、机会及威胁等因素，对其做全面的分析，将内容重点放在环境分析的各项因素上，对过去和现在的情况进行详细的描述，并通过对情况的预测制订计划。

如情况不明，则应通过调查研究等方式进行分析并加以补充。

三、活动目的、意义和目标

活动的目的和意义应用简洁明了的语言将要点表述清楚。在陈述目的的要点时，该活动的核心构成或策划的独到之处及由此产生的意义、经济效益、社会利益及媒体效应等都应明确写出。

活动目标要具体化，需要满足重要性、可行性和时效性。

四、资源需要

列出所需人力资源、物力资源，包括使用的地方，如教室或活动中心都详细列出。

可以列为已有资源和需要资源两部分。

五、活动开展

作为策划书的正文部分，表现方式要简洁明了，使人容易理解，但表述方面要力求详尽，写出每一点能设想到的内容，不要有遗漏。

在此部分中，不仅仅局限于用文字表述，也可适当加入统计图表等；对策划书的各工作项目，应按照时间的先后顺序排列，绘制实施时间表有助于方案核查。

人员的组织配置、活动对象、相应权责及时间地点应在这一部分加以说明，执行的应变程序也应该在这部分加以考虑。

这里可以提供一些参考：会场布置、接待室、嘉宾座次、赞助方式、合同协议、媒体支持、校园宣传、广告制作、主持、领导讲话、司仪、会场服务、电子、背景灯光、音响、信息联络、技术支持、秩序维持、衣着、指挥中心、现场气氛调节、接送车辆、活动后清理、人员合影、餐饮招待及后续联络等。

可根据实际情况自行调节。

六、经费预算

活动的各项费用在根据实际情况进行具体周密的计算后，用清晰明了的形式列出。

七、活动中应注意的问题及细节

内外环境的变化不可避免地会给方案的执行带来一些不确定性因素，因此，当环境变化时是否有应变措施、损失的概率是多少、造成的损失多大及应急措施等也应在策划中加以说明。

八、活动负责人及主要参与者

注明组织者、参与者姓名，嘉宾单位如果是小组，策划书应注明小组名称及负责人。

（资料来源：百度文库，2019年4月8日）

第七章　为新中国而奋斗

 历史回顾

解放战争为什么能赢

　　解放战争开始前，国共两党军队无论在人数上还是在装备上，实力都极为悬殊。然而仅仅 3 年时间，形势就发生了天翻地覆的变化。人民军队以摧枯拉朽之势夺取三大战役胜利，将鲜红的旗帜插遍神州大地，让古老的中国由此掀开新的篇章。在那波澜壮阔、席卷云天的战场背后，到底是什么在左右着战争结局？那至今难以忘记的小推车、门板等，又在告诉我们什么？这场战争的胜负，其实在打响之前就已成定局。

　　1945 年抗战结束后，蒋介石拥有装备精良的正规军达到空前规模的 430 多万。此时，中国共产党领导的人民军队即使算上刚在东北发展的几万人，总计也不过 127 万。其中不少部队属于民兵性质，武器依旧是大刀长矛；即使属于正规军的主力部队，也是轻武器十分简陋，重武器严重匮乏。而且，这是一支纯粹的陆军部队，绝大部分官兵甚至没有见过军舰和战机。

　　中国人民解放军占领南京的时间是 1949 年 4 月 23 日。

　　仅仅 3 年时间，究竟是什么导致解放战争的最终结局？

　　抗战胜利后，国民党军政高官忙着进城"接收"财产，而此时在延安听到的最多的一个词，就是"人民"

　　随着抗战胜利，"接收"成为国民党政权所构建的官僚阶层重新掌权的核心内容。空前的资财侵占和侵吞由此开始——"接收成了抢夺战利品的一场混战，所有政府的不同机构都被赋予了没有中央监督的接收敌方财产的权力，他们的行为犹如对人民的侵略"。抗战期间出任中国战区参谋长的魏德迈，于 1946 年 7 月受杜鲁门总统委托再次来到中国考察，为美国政府是否继续援助国民党政权提供决策依据。魏德迈离开中国前的演讲让国民党高官目瞪口呆："我发现不少政府官员将他们的兄弟子侄安置于政府，任职于国营或私营公司之中，利用职权不顾国家

与人民的福利而谋取巨利……"魏德迈对国民党政府官员作出的评语是："大多数人的品行是特别表现出贪婪、无能昭著，或者二者俱全。"

而共产党人及其所领导的军队，则是一群具有特殊信仰和品格的理想主义者。1946年3月，美国总统特使马歇尔访问延安，他的随行记者这样描述了共产党的政治中枢："在延安，党的干部工作时间很长，吃得又很差，冬天还减为一日两餐，吃的主要是小米和青菜。他们在窑洞里，坐在木椅或木凳上，在小油灯的暗淡灯光下进行工作。然而看起来他们并不感到疲劳，甚至在敌人即将大举侵犯时也如此……他们已经检验了他们的全部理论并使之适用于原始的中国农村以及农民的日常生活，他们感到在人民家里就像在自己家里一样无忧无虑。在延安听到的最多的一个词，就是'人民'……中国人民如何，世界人民如何。'到人民中去''向人民学习'，这些都是口号，但又包含着比口号更深的含义，代表着一种极深的感情，一种最终的信念。"

对于一个社会来讲，公平永远是百姓衡量政权合理与否的基本尺度。中国共产党人的政治理想，正是近代以来中国的仁人志士所追求的，即创立民主、自由、公平的新中国。因此，共产党人提出的为"最大多数人谋利益"的政治诉求，得到了中国人数最多的社会阶层的认可和拥护。

对于苦难的中国来讲，最大多数的人是谁？

是占总人口三分之二以上的农民。

就在国民党的军政高官忙着进城"接收"财产的时候，共产党人提出的口号是"一切可能下乡的干部要统统到农村中去"。历史事实也证明，共产党人自东北地区开始的大规模土地改革对解放战争的胜利起到了决定作用。1947年，人民军队的攻击目标对准了山西运城，8纵和2纵在长达半年的时间里不断发起强攻打援，而运城周边的百姓负责运送粮食、转运伤员。当听说攻城部队需要木料时，家家户户都把门板卸下来送上战场。战后统计，百姓前后送来的门板竟有17万块！门板没有了，还叫家吗？但是，百姓心甘情愿！

曾经占领的城市先后失守，人民军队为何如此"镇静"？战争的进程与结局远非通常的军事理论可以解释

解放战争爆发后，蒋介石在战略上别无选择，从国家政权的象征意义上考量，他必须全面占据大中城市和交通干线。在这一阶段，人民军队占领过的城市，像晋察冀解放区首府张家口、华中解放区首府淮阴、山东解放区首府临沂，乃至共产党的中枢延安都先后失守。然而，毛泽东"对城市的丢失表现得很镇静"，毛泽东认为蒋介石占领大城市的结果，仅仅是得到了一些"空荡荡的大楼和美国的大号新闻标题"，最重要的是国民党军因此"损失了有生力量"。

为占领大中城市和交通干线，用美式装备武装起来的国民党军主力大部分变成了守备部队。以至于在战争中后期，几乎所有的战斗都围绕着一个目标进行：国民党军死守不动，直到所有的城市都被围成孤城，所有的交通干线都被割裂成段落，最后被迫突围时陷入包围被歼灭。从机动条件上讲，拥有大量机械化装备并占据着主要交通干线的国民党军应有更高的机动性，但事实相反，守备大中城市的国民党军部队不敢迈出堡垒一步，一旦他们试图出城就会尝到挨打的滋味。而他们占据的交通干线也十分脆弱，共产党人根本无须动用正规部队，一声令下，民兵和老乡便可在一个晚上把数十公里铁路线上的所有枕木卸光。所以，"不计较一城一地的得失，在运动战中消灭敌人的有生力量"，这一战略原则在解放战争中被人民军队演绎得极其生动。

与此同时，具有讽刺意味的是，在军事指挥上，蒋介石从来没有真正统一过他的陆海空军。国民党军内部的派系林立是军阀割据时代遗留的现状。在解放战争中，无论是战略决战还是局部作战，蒋介石制定的任何方略无一不受到国民党军中的政治和军事派系的掣肘。

派系林立的结果是：对己保存实力，对他人见死不救。

派系是什么？是私利集团！

人民军队没有私利可言，只有解放全中国的共同目标。

因此，当战场局势要求兵力并不强大的中原野战军单独歼灭实力雄厚的黄维兵团时，邓小平说，就是把中原野战军打光了，其他的野战军照样可以渡过长江去解放全中国，值得！

是什么"推翻了正统军事公式的因素"

解放战争中，被蒋介石认为"有史以来前所未有的奇耻大辱"的，是那些毕业于黄埔、参加过抗战、将他尊称为校长的前线将领——被俘，而他们的部队一旦投降就是几万人。辽沈战役俘虏国民党正规军305600人，没有足够的时间进行甄别，解放军干脆在旷野中用树干搭起一座门，名为"解放门"。愿意参加解放军的基层军官和士兵，只要从门下走过就算是被解放了，立即成为战友受到欢迎继而投身于人民解放的事业中去。在解放战争中，以军、师规模起义投诚的国民党军部队，经过政治教育和意志磨炼，大部分成为解放军的主力部队，以至到战争后期被称为"解放战士"的士兵在解放军的一些部队中达到令人难以相信的比例，有的甚至达到百分之八十左右。

在解放战争中，国民党军的后勤补给，到战争后期基本上是依靠空投，这种耗费巨大财力的补给行为效果甚微。而在同一个战场上，共产党军队却是另外一番景象。1948年10月，东北野战军10纵在黑山一线阻击廖耀湘兵团，3天之内战场周围的百姓不分男女老幼往返阵地900多次，送上去的干粮达2000多斤，战后统计仅下湾村牺牲的百姓就有400多人，他们和那些牺牲在阵地上的解放军官兵葬在一起。整个淮海战役，近60万作战官兵的身后是500多万支前百姓，战场上几乎每一颗子弹、每一发炮弹、每一粒粮食都来自百姓日夜不断地运送；而所有的作战官兵都知道，一旦他们负伤乃至牺牲，百姓会将他们转运下战场，把自家的被子盖在他们身上。

民心所向，共产党人的这一优势，被外国记者认为"大大抵消了"国民党军在战争初期的装备优势，甚至"推翻了正统军事公式的因素"成为"军事公式里巨大的未知数"。

民心所向是什么？

是代表人民的利益，为人民的利益而奋斗。

人民心里有杆秤。

在解放战争中牺牲的几十万官兵，在战争中前赴后继支前的上千万百姓，为了梦想中的新中国，他们情愿走向战场，情愿冲锋陷阵，哪怕粉身碎骨！

新中国是什么样子？

一位人民军队的将领在写给女儿的信中说："让爸爸们，把新民主的地基铲得平平的，让你们后代，能够在我们的国土上建筑起一个自由、快乐、文明、进步、庄严、华丽的世界。"

（资料来源：中国军网，2017年7月17日）

 **实践课堂**

项目一　为什么资本主义的建国方案在中国行不通

·实践类型

课堂讨论

·实践目标

通过讨论，使学生进一步了解民主党派的政治主张及其历史命运，进一步认识清楚中国共产党领导的多党合作、政治协商的政党制度是适合中国历史特点的必然选择，资产阶级共和国方案在中国行不通。

·注意事项

观点内容要结合历史事实展开，不能凭空捏造；可以小组代表形式发表观点，也可以个人名义发表观点；活动过程中，遵守活动秩序，不要嘲笑、讥讽发言同学，也不要大声喧哗。

· 活动流程

1.任课教师提前1周布置任务，说明注意事项，将学生分为若干小组，每组8人，各小组设组长1名，记录员1名。

2.各小组成员明确讨论主题，课下通过书籍、网络等渠道收集资料，整理要发言的内容。

3.各小组成员将各自整理的资料汇总讨论，确定一种统一的观点（如果有两个及以上大家认为较好的观点，可以在交流时都讲出来）。

4.任课教师选1名学生作为主持人，负责提出任课教师布置的任务话题，安排发言顺序，维持活动秩序。

5.各小组各选1名（或几名）代表阐述观点，并对每人的发言进行评议，记录员做好记录。

6.组长进行总结。

7.全班集中，各组间进行交流。

8.任课教师点评，并根据学生的发言稿和其他同学的评议打分。

· 实践成果

发言稿及评议记录

· 参考资料

活动评分表

项目	标准	满分	得分	教师评语
分工	分工明确，配合度高	30		
发言稿	观点明确，证据充分，条理清晰	40		
评议记录	客观准确，有说服力，有启发性	30		
小组：_____ 总分：_____				

课堂讨论具体程序和要求

1. 课堂导入

与自学课相比，课堂导入同样非常重要，方法也同样提倡多元。如可以对上节课的学习内容做简单回顾，也可以对上节课的基础知识进行2～3分钟的卷面小测验，还可以在小组内互测上节课学的基础知识等，之后要进一步认定学习目标。

2. 课堂讨论准备

这一环节做好了，有利于高质高效的课堂讨论，教师要舍得在此花时间、下功夫，同时注意以下问题：

（1）课堂讨论的问题应是有一定难度、共性的问题，课堂讨论前要提前3～5分钟分工，让学生充分准备自己要讨论的题目，以保证课堂讨论的充分、高效。

（2）强调讨论不能停留在表面（只对答案），要透过"问题"看"本质"，即要理清题目的解题思路、应注意的问题、解题方法及规律、前后知识联系、收获感悟等。

（3）对重、难点问题要重点展示和讨论，要通过质疑答辩使问题得到彻底解决。

3. 课堂讨论

这是所有学习环节中最容易出彩的环节，该环节最能激发学生创造活力、学习热情，因而也是深受学生喜爱的环节，当然也是对教师挑战最大的一个环节。作为教师要高度重视这一环节的组织，通过这一环节把学生自学环节存在的问题、困惑消除掉，通过激烈的思维碰撞让学生拓展思维、升华认知、学到方法、提高能力，并培养学生良好的学习习惯及行为习惯。

（1）要求学生展示时声音清晰洪亮，粉笔字的大小适宜、笔画清晰，注意站立姿势和方位，不挡同学们的视线。

（2）强调使用各种规范的展示用语，限时展示。

（3）此过程致力于学生倾听、笔记、补充和质疑习惯的养成和能力的培养，关注学生耐心、包容、尊重、礼貌等品格的形成。

（4）学生课堂讨论的问题讲解不深不透时，教师可启发引导分解问题的难度，引导学生把问题讲透。

（5）一般情况下，教师要视情况对展示内容进行点拨提升。要"高屋建瓴"地总结所学内容，"深入浅出"地提炼方法规律，以"发展为本"评价合作与纪律，达到"画龙点睛"之功效。

4. 达标巩固

提高教学质量的关键在于落实，达标巩固环节是以落实为主要目的的环节，抓实是关键。

（1）给学生留一定时间对学习提纲进行整理、补充，并由小组长负责检查落实，进行交叉巩固。

（2）回扣目标，回顾小结。

（3）进行达标测试或进行相应练习，进一步落实。

（4）要求学生对学习不到位的内容课后进行及时巩固或布置作业。

5. 课堂讨论环节需要注意的问题

（1）交流时教师要注意调控交流时间、进程及方向。小组长注意把握交流内容，做到"点面结合"，做到高效有序地进行交流。

（2）学生能通过小组解决的问题不展示讨论，学生展示讨论后也不会的题目不展示讨论。

（3）课堂讨论中控制优势学生的发言，以便给其余学生更多的锻炼机会。

（4）课堂讨论过程中要随时提醒学生注意倾听、记笔记，对游离学生要及时制止。

（5）课堂讨论过程中要注意随时进行变式练习，加强落实。

（6）课堂讨论中教师要有目的地指导学生注意展示题目的方法、思想。这需要一个长期的过程，教师要持之以恒，不能半途而废。

（7）课堂讨论过程中要注意留出时间给学生进行整理、小结，整理消化过程中，要充分发挥小组长的作用，注意检查落实，进行交叉巩固。同时要将一帮一落到实处。

（资料来源：稻壳网，2012 年 5 月 9 日）

项目二　为什么是中国共产党

· 实践类型

微视频制作

· 实践目标

为什么是中国共产党最终成为执政党？也许有些人还迷惑着。本实践通过制作微视频，使学生在制作微视频的过程中找到答案，从而能更加自觉地拥护中国共产党、热爱中国共产党。

· 注意事项

制作微视频要注意选题的恰当性、内容的思想性与表现方式的艺术性等，不要放过多与主题不相关的内容，注意时长，一般以 10 ～ 15 分钟为宜；组与组之间要相互帮助，熟练视频制作技术的同学不要因为不是同一小组的就拒绝帮忙。

· 活动流程

1. 任课教师宣布实践内容，明确本次实践活动所要达到的预期效果和实践要求。

2.将学生分为若干小组，以小组为单位展开本次实践活动。

3.各小组成员课下分工合作收集、整理资料，讨论决定视频主题、制作方向及制作方法。

4.各小组设计实践方案即微视频策划方案，提交任课教师审核，方案通过后展开微视频的拍摄与制作。

5.每组提交一部微视频作品，并于汇报时间在课堂上播放展示。

6.任课教师对本次实践活动进行活动总结，对表现突出的小组给予表扬及奖励。

· 实践成果

各小组提交的微视频作品

· 参考资料

中国共产党为什么能

1944年10月，美国蒙大拿州国会议员迈克尔·曼斯菲尔德作为罗斯福总统的代表来到中国。1945年1月，他返回华盛顿，向国会提交了一份长达7000多字的报告。他在报告中写道："国民党越来越不得民心，普通民众怕国民党兵，怕国民党的收税官。农民造反、省级政府官员的批评、学生抵制征兵抓壮丁，这些都是有力的证据。"而共产党的组织纪律严明，"他们用榆树树干制造小型火炮"，"如果没有枪，就用长矛和棍棒"。民众对国民党信任的流失，由此可见一斑。国民党发动内战后，民众对国民党信任的流失更是呈现加速趋势。

战争是烧钱的，是需要物资支撑的。由于战争的巨大需求，使得国民党军费激增，由此造成国统区的恶性通货膨胀和物价飞涨等一系列连锁反应。当时的通货膨胀已到了非常严重的程度，美国驻华大使司徒雷登记述说：1949年2月底，"全部流通的金圆券用两千万美元即可买光。而过了一个月，只要上述数目的一半就可以买下这些金圆券了"。"由于纸币厂印制的纸币满足不了需要，局势变得严峻而又可笑。利率达到令人诧异的数字。4月间，国民政府的收入是其支出的5%，但是为了搜集这笔钱而花掉的费用比这笔钱本身还多。"

物价飞涨使得民众连最低限度的生活也难以维持。1947年5月17日，南京的高校学生在游行宣言中说：印钞机无休止地周转，已迫使我们学生及极大多数的人民，从人的生活水准，降低到畜生的生活水准。而现在，这个畜生的生活水准也无法维持了。我们所面临的是严重的饥饿和失学危机，是使难民的行列增加新的伙伴，是使饿死的骷髅中增加新骨骼。

社会地位很高的教授也好不到哪儿去。1947年9月23日，北京大学校长胡适在日记中写道：今天北大开教授会，大家谈的想的，都是吃饭！向达先生说："我们今天愁的是明天的生活，哪有工夫去想十年二十年的计划？十年二十年后，我们这些人都死完了。"

事实是最好的任课教师，如中国著名历史学家翦伯赞分析说："饥饿和内战，是一个问题的两个方面，因为饥饿是内战的结果，内战是饥饿的原因。当一个人在饥饿中，他一定会要想到，他为什么陷于饥饿，只要他这样一想，他立刻就会喊出反内战的口号。所以反内战的口号，也不是要人煽动才能知道的秘密。"在经济濒临崩溃的形势之下，民众对国民党政权渐渐失去希望。

司徒雷登在回忆录中记述道："中国学生也许比其他任何国家的学生更能像晴雨表一样反映出人心之所向。""据估计，1947年9月，在清华和北大学生中，有90%～95%的人不愿意中国共产主义化。但是，一年之后，这一数字下降到60%～70%。他们感到沮丧，认为即使是共产党的统治，情况也不会比现在更糟。不管怎么说，它或许会带来安宁和较好的生活。"

再来看知识精英阶层。1948年，国民政府中央研究院选出了第一届院士81人，其中1949年随国民党到台湾者9人，滞留国外者12人，逝世1人，其余59人都选择留在大陆。为什么这些中国最具代表性的知识精英会选择留在大陆？著名学者季羡林晚年回忆说："我同当时留下没有出国或到台湾去的中老年知识分子一样，对共产党并不了解；对共产主义也不见得那么向往；但是对国民党我们是了解的。因此，解放军进城我们是欢迎的，我们内心是兴奋的，希望而且也觉得从此换了人间，觉得从此河清有日，幸福来到了人间。"

知识分子、青年学生、小商人、手工业者、自由职业者等各阶层民众，从自身生存环境的恶化中，对国民党失去了信任，他们形成了反对国民党的第二条战线，诚如毛泽东所讲，"蒋介石国民党已经处在了人民的包围之中"。

（资料来源：谢春涛《历史的轨迹：中国共产党为什么能》，
新世界出版社 2011 年版）

项目三　在那个神圣的地方

· 实践类型

实地参观

· 实践目标

通过参观附近的爱国主义教育基地，使学生进一步认识到新中国来之不易，有多少艰难险阻，有多少人为之流血牺牲。作为当代青年，要把个人的前途与祖国联系在一起，不断增强爱国情感，培养民族精神，确立远大志向，规范行为习惯，提高基本素质，成长为中国特色社会主义事业的合格建设者和接班人。

· 注意事项

　　路途中要注意出行秩序和安全，不在途中乱跑打闹，保持队伍整齐。参观过程中爱护馆内设施，只动眼、不动手；保持安静，不大声喧哗，专心听讲解员讲解，不要出言不逊、妄加评论；遵守馆内规章制度，不要一边参观一边吃零食，要有敬畏之心；人多时不要拥挤，自觉排队，按顺序边看边走，不在一个地方驻足时间过长，以免影响他人参观；认真做好记录，参观结束每人写一篇参观感悟（不少于 1500 字）。

· 活动流程

　　1. 任课教师提前 1 ～ 2 天向学生通知该活动，交代注意事项，让学生提前做好出行准备，布置参观任务。

　　2. 将学生分为若干小组，每 10 人为 1 组，选 1 名组长，负责本小组的安全、秩序及其他临时事情。

　　3. 各小组提前查阅爱国主义教育基地相关史料，明确参观目的，并准备记录本、拍照设备等。

　　4. 任课教师和学生一起制订参观具体方案，各小组按照方案统一执行。

　　5. 根据路程远近选择步行还是乘车前往，途中各小组组长负责本小组人员清点及安全事宜。

　　6. 到达后，以小组为单位开始参观，组长负责组织管理，各位学生做好记录、拍摄照片。

　　7. 参观结束后，分小组集中讨论，交流心得。

　　8. 各小组组长清点本小组人数，向任课教师报告，全部集结完毕后，统一回校。

　　9. 每人撰写一篇参观感悟，提交给任课教师。

　　10. 任课教师根据感悟，并参考照片或视频等资料说明，为每个学生评分，抄袭者按 0 分计。

· 实践成果

　　参观感悟，附照片或视频等资料

· **参考资料** ⌒

参观感悟评分表

项目	标准	满分	得分	教师评语
内容	紧扣主题，把握精髓，条理清晰	50		
质量	有史有论，感情饱满，文笔精彩	30		
辅助资料	代表性强，内容丰富	20		

姓名：＿＿＿＿＿＿　小组：＿＿＿＿＿＿　总分：＿＿＿＿＿＿

爱国主义教育基地观后感

爱国主义是指个人或集体对祖国的一种积极和支持的态度，集中表现为民族自尊心和民族自信心，为保卫祖国和争取祖国的独立富强而献身的奋斗精神。

沐浴着温暖的阳光，伴着微风清爽的吹拂，我们在学生部领导和辅导员老师的组织带领下，来到了伟大革命家洪秀全的故居所在地，进行参观和学习。

中国历史文化博大精深、源远流长，有着曲折而辉煌的历史，伟大的历史创造者及革命前辈们为我们留下了宝贵的精神财富，作为新时代中国大学生，学习我国的历史及先辈们的革命精神，成为我们人生中重要的一课。

洪秀全是近代中国的农民运动领袖，也是最早向西方寻求救国真理的先进中国人之一，他领导的太平天国农民运动，是一次伟大的反对中国封建统治和西方资本侵略者的农民运动，是近代中国民主革命的一个重要里程碑。在故居，洪秀全曾写下了《原道救世歌》《原道醒世训》《原道觉世训》和《百正歌》等革命文献，号召人们为实现"天下一家，分享太平"的理想而斗争，为指导太平天国农民运动奠定了理论基础。

洪秀全故居所在地，是洪秀全成长、耕读和从事早期革命活动的地方，位于广州市花都区新华街大㘵村，占地面积25000平方米。官禄㘵过去是一条穷村，流传着这样一首民谣："官禄㘵，官禄㘵，食粥送薯芋；乌蝇咬饭粒，追到新街渡。"这首民谣，正是当地农民贫苦生活的写照。洪秀全的长子幼天王洪天贵福在此出生。洪秀全故居在清军"诛九族"时被烧毁，1959年经考古挖掘，在原墙基上复原，1998年曾维修过。

一踏进洪秀全故居大门，映入眼帘的是雄伟的洪秀全铜像。该像是由著名雕塑家梁明诚设计、制作，于2005年12月12日落成的。像高3米，以青铜浇铸；基高1.5米，用红砂岩制作。洪秀全铜像昂首朝东，手按剑柄，英姿飒爽，表现了洪秀全反清起义的决心。

故居大门的左边是"书房阁"——官禄㘰的村塾，清军"诛九族"时已被焚毁，现在的建筑是1959年根据文物考古资料复原的，1998年曾维修过。洪秀全7岁在此读书，勤奋好学，"五六年间，即能诵读四书五经、孝经及古文多篇，其他更自读中国历史及奇异书籍，均能一目了然，读书未几即得其业师及家庭之称许"。后因家贫失学，随父兄耕种，到18岁时又被聘为该村塾师，任教于"书房阁"。

站在书房阁的门前一眼望去，是一口大池塘，这口半月形的鱼塘非常奇妙，不仅能把官禄㘰村貌整个倒映出来，还可以看到远离村子10里外的丫髻山的倒影。

洪秀全故居中，给我们留下印象最深的是立在池塘边的那棵奇妙的龙眼树。这棵形状奇特的龙眼树，是洪秀全青少年时期亲手种植的，距今已有170多年了。在太平天国农民运动失败那年，它被雷电从中间劈成两半，奄奄欲绝。当时清军曾借此残枝示众，并扬言"谁敢再造反就像这棵树一样遭雷劈死"，可是这棵树非但没有死，反而奇迹般活了下来，并以它那顽强的生命力长成了一棵青龙体态的大树。革命前辈谢觉哉于1959年9月到洪秀全故居参观时曾题诗一首咏赞此树："天王理想今全现，扫尽不平才太平；留得千载龙眼树，年年展眼按分明。"

最能全面和深入了解洪秀全及太平天国历史景点的，就数"洪氏宗祠"了。以洪秀全为首的太平天国领袖们，为组织、发动、领导这场运动，曾呕心沥血，写下许多脍炙人口的文章和诗篇。这些太平天国文书、太平天国领袖们的诗文及一些伟人对太平天国的崇高评价文书精选就展示在此祠中，通过这些文书精选，我们可以更好地了解"地上天国"的基本思想和美好理想。官禄㘰洪氏宗祠为青砖木瓦结构，三间两进，厅堂列有祖宗牌位，上书对联"由嘉应徙杨梅，祖德宗功经之营之，力图官禄之基础；籍花峰贯花邑，光前裕后耕也学也，恢宏敦煌之遗风"。说明了洪氏世系源流。宗祠在太平天国失败后被清军烧毁，后于1911年由洪氏族人修复。宗祠内辅助陈列洪秀全及太平天国的历史。

坐落在洪氏宗祠旁边的是洪仁玕故居遗址。洪仁玕，洪秀全的族弟。他参加了"拜上帝会"的创立，早期在清远谷岭村设塾教书，传播新教；金田起义后辗转到达天京，被洪秀全封为"开朝精忠军师顶天扶朝纲干王"，总理太平天国朝政，成为太平天国后期的重要支柱。天京失陷后，保护幼主逃到江西被捕遇难。

洪秀全故居中还展示了客家民俗民居。俗语云："十里不同风，百里不同俗。"不同地区有不同的风俗习惯。花都拥有300多年的建县历史，民间习俗丰富多彩，不少风俗延续至今。通过洪秀全故居中民俗展览馆和民居陈列，再现天王故乡当年社会生活状况，使人们了解这位杰出的农民运动领袖成长初期的历史环境，并以此领略花都客家人的民俗风情。

（资料来源：稻壳网，2020年1月30日，收入本书时有改动）

下 编

从新中国成立到社会主义现代化

建设新时期

（1949—2018）

综　述　辉煌的历史进程

开国大典

　　1949 年 10 月 1 日，中华人民共和国中央人民政府成立，在首都北京举行典礼。参加开国大典的，有中华人民共和国中央人民政府主席、副主席、各位委员，有中国人民政治协商会议全体代表，有工人、农民、学校师生、机关工作人员、城防部队，总数达 30 万人。观礼台上还有外宾。

　　会场在天安门广场。广场呈丁字形。丁字形一横的北面是一道河，河上并排架着五座白石桥；再北面是城墙，城墙中央是高高耸起的天安门城楼。丁字形的一竖向南直伸到中华门。在一横一竖交点的南面，场中挺立着一根电动旗杆。

　　主席台设在天安门城楼上。城楼檐下，八盏大红宫灯分挂两边。靠着城楼左右两边的石栏，八面红旗迎风招展。

　　丁字形的广场汇集了从四面八方来的群众队伍。早上 6 点钟起，就有群众队伍入场了。人们有的擎着红旗，有的提着红灯。进入会场后，按照规定地点排列。工人队伍中，有从老远的长辛店、丰台、通县来的铁路工人，他们清早到了北京车站，一下火车就直奔会场。郊区的农民是五更天摸着黑起床，步行四五十里路赶来的。到了正午，天安门广场已经成了人的海洋，红旗翻动，像海上的波浪。

　　下午 3 点整，会场上爆发出一阵排山倒海的掌声，中华人民共和国中央人民政府主席毛泽东出现在主席台上，跟群众见面了。30 万人的目光一齐投向主席台。

　　中央人民政府秘书长林伯渠宣布典礼开始。中央人民政府主席、副主席、各位委员就位。乐队奏起了中华人民共和国国歌——《义勇军进行曲》。正是这战斗的声音，曾经鼓舞中国人民为新中国的诞生而奋斗。接着，毛泽东主席宣布："中华人民共和国中央人民政府今天成立了！"

　　这庄严的宣告，这雄伟的声音，使全场 30 万人一齐欢呼起来。这庄严的宣告，这雄伟的声音，经过无线电的广播，传到长城内外，传到大江南北，使全中国人民的心一齐欢跃起来。

接着，升国旗。毛主席亲自按动连通电动旗杆的电钮，新中国的国旗——五星红旗徐徐上升，30万人一齐脱帽肃立，一齐抬起头，瞻仰这鲜红的国旗。五星红旗升起来了，表明中国人民从此站起来了。

升旗的时候，礼炮响起来。每一响都是54门大炮齐发，一共28响。起初是全场肃静，只听见炮声，只听见国旗和许多旗帜飘拂的声音，到后来，每一声炮响后，全场就响起一阵雷鸣般的掌声。

接着，毛主席在群众一阵又一阵的掌声中宣读中央人民政府的公告。他用强有力的语调向全世界发出新中国的声音。他读到"选举了毛泽东为中央人民政府主席"这一句的时候，广场上的人们热爱领袖的心情融成一阵热烈的欢呼。观礼台上同时响起一阵掌声。

毛主席宣读公告完毕，阅兵式开始。中国人民解放军朱德总司令任检阅司令员，聂荣臻将军任阅兵总指挥，朱总司令和聂将军同乘汽车，先检阅部队，然后朱总司令回到主席台，宣读中国人民解放军总部的命令。受检阅的部队就由聂将军率领，在《中国人民解放军进行曲》的乐曲声中，由东往西，缓缓进场。

开头是海军两个排，雪白的帽子，跟海洋一个颜色的蓝制服。接着是步兵一个师，以连为单位，列成方阵，齐步行进。接着是炮兵一个师，野炮、山炮、榴弹炮、火箭炮，各式各样的炮，都排成了一字形的横列前进。接着是一个战车师，各种装甲车和坦克车两辆或三辆一排，整整齐齐地前进；战士们挺着胸膛站在战车上，像钢铁巨人一样。接着是一个骑兵师，"红马连"一色红马、"白马连"一色白马，五马并行，马腿的动作完全一致。以上这些部队，全部以相等的距离和相同的速度经过主席台前。当战车部队经过的时候，人民空军的飞机也一队队排成人字形，飞过天空。毛主席首先向空中招手。群众看见了，都把头上的帽子、手里的报纸和别的东西抛上天去，欢呼声盖过了飞机的隆隆声。

两个半钟头的检阅，广场上不断地欢呼，不断地鼓掌，一个高潮接着一个高潮。群众几乎把嗓子都喊哑了，把手掌都拍麻了，还觉得不能够表达自己心里的欢喜和激动。

阅兵式完毕，已经是傍晚的时候。天安门广场上的灯笼火把全都点了起来，一万支礼花陆续射入天空。天上五颜六色的火花结成彩，地上千千万万的灯火一片红。群众游行从这时候开始，游行队伍分东西两个方向出发，他们擎着灯，舞着火把，高呼"中国共产党万岁！""中华人民共和国万岁！""中央人民政府万岁！"他们一队一队按照次序走，走过正对天安门的白石桥前，举起灯笼火把，高声欢呼"毛主席万岁！""毛主席万岁！"毛主席在城楼上主席台前边，向前探着身子，不断地向群众挥手，不断地高呼"人民万岁！""同志们万岁！"

晚上9点半，游行队伍才完全走出会场。两股"红流"分头向东城、西城的街道流去，光明充满了整个北京城。

（资料来源：搜狐网，2019年4月3日）

相关链接：
开国大典

项目一　繁华背后

· 实践类型

故事会

· 实践目标

通过收集和讲述开国大典背后的故事，让学生明白新中国成立背后的每一个人都付出了艰辛的努力，懂得新中国的胜利果实来之不易，以此鼓舞学生珍惜来之不易的幸福生活，热爱来之不易的和平盛世，在学习和生活中，从点滴做起，从我做起，热爱祖国，热爱社会主义，并为实现中华民族的伟大复兴努力奋斗、奉献一生。

· 注意事项

选择的故事要贴合主题，应当是历史真实事件，不可随意编造；故事内容要健康向上、生动感人；讲述者要注意节奏把握，吐字清晰、情感饱满；听讲者要注意课堂纪律，专心听讲、认真思考，不要交头接耳、窃窃私语，不要大声喧哗、随意走动，不要对讲述者妄加评议。

· 活动流程

1.任课教师提前1周布置任务，说明注意事项，设主持人1名，负责活动的顺序安排和节奏把控；将学生分组，每组6人，选1名组长，负责小组的组织管理工作。

2.选10名学生作为评委，给每组讲述者打分，每位评委打分值最高10分，最低0分；每轮打分去掉一个最高分，去掉一个最低分，取其他8个评分总和的平均分，为该讲述者的最终得分。选两名学生作为记分员，负责统计各位讲述者的最终得分。

3. 各小组成员课下查阅资料、收集素材，将收集的素材集中起来，小组讨论决定用哪个故事，由谁来整理故事文稿，由谁来讲述，谁来做记录。

4. 各小组准备完毕，将本小组讲述者、要讲述的故事上报给任课教师。

5. 主持人宣布活动开始，主持人说明讲述者上台顺序，评委落座，做好准备。

6. 各小组讲述者按顺序上台讲述，评委依次打分，记分员做好统计，记录员做好记录。

7. 讲述完毕，记分员宣布得分结果，各小组讨论，记录员进行总结。

8. 各小组提交故事文稿、记录总结。

9. 任课教师作最终点评总结，对前 3 名个人及小组进行奖励。

·实践成果

各小组提交的故事文稿和记录总结

·参考资料

记分员记分表

序号	姓名	故事名称	最终得分	排名
1				
2				
3				
4				
5				
6				
7				
8				
9				
10				

评委打分表

选项	评分标准	总分	得分
内容	内容充实，主题突出鲜明，健康向上	2	
语言	语言流畅，声音洪亮，节奏优美，富有感情	3	
表达	表达自然得体，具有感召力	3	
形态	服饰得体，举止自然大方	2	
讲述者：＿＿＿＿＿ 评委：＿＿＿＿＿		总分	

讲故事的十五个要领

讲故事要讲得精彩，身临其境，就必须创造情境。创造情境有5个要素：何时、何地、何人、何事、何故，每一个故事都应该包括这5项内容，才算表达清楚。何时的表述要注意开门见山，时间越精确效果越好；何地的表述要尽快进入场景，这样才会突出想表达的主题，要注意渲染环境的氛围；何人的表述要有名有姓，有名有姓才显得真实，也方便听众厘清思路；何事的表述应注意具体化、描述细节化，发展节奏清晰，不能凌乱、前后矛盾；何故的表述要引出故事主题，点到为止，不需要太补白，要留下空间让听众去思考。

讲故事，最重要的是对"何事"的讲解，换句话说也就是重现场景。重现场景的一个技巧就是表达具体化、描述细节化，这才能使听众身临其境进入情节之中，把听众带进去。

1.不要用模糊的概念。模糊的概念可能会转移一部分注意力，比如："可能是甲，可能是乙，好像是1978年"等句子显得不够坚定，影响听众的专注度。同时模糊的概念显得故事的真实性较低，相比之下，直接确定为甲，或直接说是1978年，则显得更有说服力。

2.不要用解释性的语言，尽量使用描述性的语言。有些人总喜欢讲："因为……所以……"在描述故事的天气时，你要说"那天因为天气很热，所以我穿得很少"，就不如说"那天天气太热，我只穿了个裤衩"；"因为台子有8米高，所以我站在上面发抖"，也不如"我站在8米高的台子上，双腿发抖"，这样不会使人的思维走岔路。解释性的语言会让听众觉得讲述者不是在讲故事，而是在讲道理。

3.讲故事时，不要有谦虚的开场白，这样无疑会打击听众的信心，认为从你的讲话中学不到什么东西，而且你自己连这个自信都没有，又如何让听众有这个自信？过分谦虚的开场白，无异于一种"自杀式"的开场白。

135

4. 在讲故事之前，第一句话的语音语调语速是非常关键的，如果第一句话比较有力，就会吸引听众的注意力，后面的故事陈述就会流畅得多，所以在讲话之前，要吸一口气稳一下自己的心神，然后再开始，不要慌慌张张地开始。

5. 在讲一个事情或心理的效果时，尽量使用事实来侧面反衬，这样给听众的印象是生动的、形象的、记忆深刻的，比如说害怕，说事后自己发现衣服湿透了，则更加逼真。

6. 快速地进入场景。能快速地进入场景，就能够抓住主题，迅速将自己的观点传达给对方。一个话语啰唆的人往往讲半天话还在兜圈子，这时听众已经听烦了，大量的游离主题之外的话会使听众的心理期待落空，这时你的讲话就很难达到预期的效果。

7. 避免使用空洞的语言，如果你想陈述你的学习成绩，你说你总是优秀，是一个笼统概念，你要说，你考试成绩不是第一就是第二，这种效果给听众的感觉是截然不同的。

8. 如果你想表达一种戏剧性的效果，你就应该使用原因倒置技巧。原因倒置往往能使听众恍然大悟，也可能是心理期待的骤然落空，这时笑声自然也就出来了。讲故事，要学会"故弄玄虚"，制造悬念。

9. 要学会表现情感。讲一个人最关键的是感情重现，喜欢一个人时，要让大家都喜欢他；对某人生气时，让大家都感觉对他生气了，只有做到了这一步，你才能让听众随着你的表述而情绪起伏跌宕。

10. 用事例说话，用最典型的事例来突出你的思想，事例是别人不可反驳的，事例是论证性的，评论是阐述性的，所以真正起作用的应是你讲话中的例子。

11. 指名道姓原则，对任何一个人均应该冠以名字，这样有利于听众的接受，瞎编一个名字也要比没有名字强。如果总是为了力求准确，一段话中有很多可能，这会大大降低阐述内容的说服力。

12. 学会使用角色语言。什么角色用什么话去表达。要用特定的角色语言表达他的态度、特征，只有这样才会活灵活现地将他展现在听众的面前，也才能吸引听众的注意力。

13. 一个讲稿只能有一个主题。主题太多，往往会分散听众的注意力。写文章也是同理，一个大全类的书，是绝对不可能畅销的。一个论点偏激是没有关系的，更重要的是从某一个方面说某一个道理，说明白就行，不求严密、谨慎。"人定胜天"说起来很有气势，但这句话如果说成"人有时候是胜天的"，你认为还好吗？

14. 任何讲话，绝不要去背稿，背稿才会忘词，会有做作感。学会用自己的心灵去演讲，去演故事。只要记住大致的思路就可以了，演讲时放开去讲，融会贯通，多多练习必能练成故事高手。

15. 声情并茂，绘声绘色。讲故事时，语气要抑扬顿挫，手势要恰如其分，表情要绘声绘色，情景交融，把别人带进故事里来，还要把别人带出去，通过故事来说明道理，通过故事起到说服别人、影响别人的作用。

（资料来源：个人图书馆，2018年5月4日）

项目二 新旧中国的面貌

· 实践类型

图片展

· 实践目标

通过收集中国新旧面貌的图片，使学生深刻认识到新中国成立后人民生活发生的翻天覆地的变化，认识到这种新变化、新生活的来之不易，进而激发学生的爱国情感和热爱生活、珍惜当下的人生态度；通过活动，提升学生的归纳总结和表达能力。

· 注意事项

可以用PPT或微视频加个人描述的形式进行展示。选择图片时，尽量选择清晰和无水印及其他标记的图片，以免影响播放效果。

· 活动流程

1.任课教师提前把活动的目标要求、时间、资料、注意事项等问题向学生交代清楚，让学生可以提前做准备。

2.将学生分组，每组6～8人，选1名学生任组长，负责本小组的活动策划和分工；选1名主持人，负责活动策划、经费预算及现场主持工作。

3.各小组成员课下分工合作，收集图片、视频及文字资料，制作PPT或微视频，进行讲解练习；每个小组做1张宣传海报，海报内容要与本小组展示主题一致。各小组组长负责统一调度分配，任课教师到各小组进行指导。

4.活动开始前，各小组将宣传海报张贴到属于本小组位置的合适区域；主持人通过抽签或其他方法确定各小组的展示顺序。

5.活动开始，每个小组推选1名代表，依次以PPT或微视频的形式向同学展出，并结合图片或视频向大家进行讲解。

6.全部展示结束，各小组组长代表本小组进行感想陈述。

7.任课教师对展示及感想进行评价总结。

8.各小组提交PPT或微视频作品；每人课后提交1份主题活动感悟。

实践成果

1. 各小组提交的 PPT 或微视频作品
2. 每人提交的主题活动感悟

参考资料

活动评价表

序号	评价项目	满分	得分
1	小组合作及分工情况	20	
2	图片、视频及文字资料收集情况	20	
3	新旧中国面貌对比及讲解情况	40	
4	感想陈述情况	20	
小组：_____ 组长：_____		总分	

新中国怎样改变了中国人的精神面貌

每个人，都参与着历史的书写。国民的精气神不是凭空产生的，它永远来自我们脚下的土地。激情燃烧、民心升腾的岁月，背后势必有一个风云际会的大时代。国家飞速发展深刻改变着中国人的精神面貌，而人心向背又成为决定发展大业从胜利走向下一个胜利的关键。

国庆在即，中国舆论场喜气升腾。首度公开的开国大典彩色视频引人泪目，峥嵘岁月自带强烈震撼冲上热搜；京城上空呼啸而过的演练战机刷屏朋友圈，追忆"飞机不够，圈数来凑"的当年，一声声"这盛世如您所愿，山河犹在，国泰民安"道不尽人们对先辈的崇敬与感恩。

当今中国，社会文化、价值观念如此多元，众声喧哗乃是常态。为什么新中国成立 70 周年的话题能够成为主旋律？因为击中了人心的"最大公约数"——家国情。抚今追昔，我们深感红色政权来之不易、新中国来之不易、社会主义建设成果来之不易。舆论场洋溢的拳拳赤诚与真挚表白，凝结着大国国民的获得感，又从一个侧面反映了今天中国人满满的昂扬自信。

曾几何时，中国这只"睡狮"处于沉沦暗夜任人宰割的境地，木讷、胆怯、困顿、苦难挂在大多数中国人的脸上。70 年，弹指一挥间，中国以崭新姿态屹立于世界东方，中华民族的精神面貌也发生了翻天覆地的改变。70 年中，到底是什么让中国人的精神世界为之一振、为之一新？

是新中国，让中国人挺立在世界民族之林。我们这个东方古国，以落后者、挨打者的角色存在于近代史中，一度面临亡国灭种的危险，遑论独立自主、为人尊重。直到新中国成立，帝国主义列强被全部赶出了中国，他们强加给中国的一切不平等条约及其攫取的各种特权被废除一空。久为人欺的中国人，终于挺直了脊梁。更可歌可泣的是，我们不仅解除了危亡之忧，而且在积贫积弱、一穷二白的底子上，建成了一个繁荣昌盛、充满生机活力的社会主义国家，将一百多年的苦难和落后、几代人的迷茫和彷徨，将外界对一种新兴制度的质疑和敌视，彻底甩到了身后。

是新中国，让中国人真正成为国家的主人。从奴隶社会到封建社会，这片土地上反复上演的，都是极少数压迫者、剥削者统治广大劳动人民的故事。王侯将相更迭，而"百姓苦"不变。新中国之所以能够跳出"其兴也勃，其亡也忽"的兴衰周期律，正在于通过深刻的社会革命，改变了政权性质，建成了平等社会。《宪法》明确规定，中华人民共和国的一切权力属于人民，这在中华民族几千年历史中是石破天惊的大事。社会主义中国在前无古人的道路上坚定前行，始终不渝的是——让人民在追求美好生活中真正成为社会进步的主体力量。亿万中国人因为自己的家园添砖加瓦而意气风发。

是新中国，让十几亿中国人过上了小康生活。消除贫困，自古以来是人类梦寐以求的理想。从你我的生活体验来看，"60后""70后"还过过"节衣缩食，吃穿用票"的日子，"点点手机，买遍全球"却已成为"80后""90后"的日常。将消除贫困纳入国家战略来谋划，并一以贯之推进执行，不仅在中国几千年历史上是第一次，在人类社会历史上也属罕见；7.4亿贫困人口的脱贫，堪称人类减贫史上的奇迹。诗经中一句"民亦劳止，汔可小康"，道出了中华民族的朴实心愿。而这个穿越无数苦难与辉煌岁月的执着梦想，今天已经触手可及，怎能不令人心潮澎湃？

说到底，国民的精气神不是凭空产生的，它永远来自我们脚下的土地，来自高度开放环境下与世界坐标的实时对比。激情燃烧、民心升腾的岁月，背后一定是一个风云际会的大时代。国家飞速发展深刻改变着中国人的精神面貌，而人心向背又成为决定发展大业从胜利走向下一个胜利的关键。对于14亿中国人而言，这是一段我们共同见证和参与的岁月。当今世界充满了不确定性，但只要中国人笃信我们国家、我们民族会越来越好，这份拼搏向上的劲头汇聚成一股沛然之气，助力新时代成为活力不断迸发、激情充分涌流的"黄金时代"。

每个人，都参与着历史的书写。知乎上有个热门问题：《我和我的祖国》为什么突然火了？其中一位年轻父亲写下了女儿的故事：正在上小学三年级的孩子最近爱哼这首红歌，父亲以为是老师要求的。不想女儿朗朗回答，这是自己喜欢的歌，"一般下了课，只要有一个人开始唱，旁边的人就会跟着唱""声音大得很，自己都觉得很激动"。太多这样的故事，再次证明那句判断——国家复兴，永远伴随着，也必须依靠着的，是国人精神世界的振奋一新。

（资料来源：《北京日报》，2019 年 9 月 25 日 03 版）

项目三　读懂毛泽东

· 实践类型

读书会

· 实践目标

通过阅读与毛泽东相关的书籍，加深学生对毛泽东的了解，从而使学生更加全面客观地看待毛泽东，不因毛泽东的丰功伟绩而盲目崇拜，也不因毛泽东犯过的错误而过分贬低；通过读书活动，培养学生对读书的兴趣，养成爱读书的习惯，明白评价一个人或一件事物要对其有足够的客观了解。

· 注意事项

尽可能详细全面地收集、阅读关于毛泽东的书籍、资料，以达到充分了解的目的；朗读时要讲普通话，口齿伶俐，吐字清晰，讲述体会时要有自己独到的见解，不能照本宣科；每个人都有权利发表自己的观点，如有意见不同的同学，要理性表达自己的观点，不可争吵。

· 活动流程

1. 任课教师提前 1～2 个月向学生布置活动任务，以便学生有足够的时间查阅书籍、资料，讲明注意事项，以便学生在课下进行练习。

2. 将学生分为若干小组，以小组为单位开展书籍、资料的收集、阅读活动，每小组 8～10 人，各小组推选组长 1 名，负责本小组的统筹协调工作；任课教师选主持人 1 名，负责整体活动的策划及主持工作。

3. 各小组组员分工合作，收集、阅读相关书籍、资料，阅读后写 1 份关于毛泽东的感悟，小组成员讨论决定哪一份写得好，则由该组员代表本小组进行讲述，另推选 1 名组员代表本小组朗读书中的一段内容，内容同样由小组成员讨论决定。

4. 活动开始前，主持人再次讲明活动注意事项，通过抽签或其他方法确定各小组出场顺序。

5. 主持人宣布活动开始，各小组代表依次上台朗读和讲述心得体会。

6. 全部朗读和讲述完毕，以小组为单位进行讨论，时间 10 分钟。

7. 讨论结束，各小组成员有其他不同观点的可以上台陈述。

8.陈述完毕，任课教师对各位朗读和讲述的学生进行点评，对各小组的分工合作情况进行评价，并对整体活动作最后总结。

9.活动结束，每人写1份读书心得体会，提交任课教师。

· **实践成果**

每人提交的读书心得体会

· **参考资料**

心得体会的写作

1.心得体会的写作方法

（1）简略写出自己阅读过的书籍或文章的内容，然后写出自己的意见或感想。明确地说，就是应用自己的话语，把读过的东西浓缩成简略的文字，然后加以评论，重点是（着重）提出自己的看法或意见。

（2）将自己阅读过的文字，以写作技巧的观点来评论其优劣得失、意义内涵，看看它给人的感受如何、效果如何。

（3）引用原文作导引，然后发表自己的意见。比如我们可以引用书中的一句话作为引导，然后发表见解。

（4）先发表自己的意见或感想，然后引用读过的文章来做印证。

（5）将自己最受感触、最重要的部分作为中心来写；也可以把自己当作书中的"主角"来写；也可以采用书信的方式来写；还可以采用向教师或同学报告的方式来写。

2.心得体会的格式

（1）标题。心得体会的标题可以采用以下几种形式：在××活动（或××工作）中的心得体会、关于××活动（或××工作）的心得体会（或心得）、心得体会。如果文章的内容比较丰富，篇幅较长，也可以采用双行标题的形式，大标题用一句精练的语言总结自己的主要心得，小标题是"在××活动（或××工作）中的心得体会"，例如：

从小处着眼，推陈出新

——参加大学生科技创新大赛的心得

（2）正文。这是心得体会的中心部分。

①开头。简述所参加的工作（或活动）的基本情况，包括参加活动的原因、时间、地点、所从事的具体工作（或活动）的过程及结果。

②主体。由于心得体会比较多地倾向于个人的主观感受和体会，而人的认识往往有一个逐渐发展和演变的过程，因此，在心得体会的主体部分的结构安排上，常常以作者对客观事物的主观感受和认识发展、情感变化为中心线索，组织

材料，安排层次。具体的安排方法主要有两种：并列式结构和递进式结构。

A. 从不同角度将自己的感受和体会总结成几个不同的方面，分别加以介绍，层次之间是并列关系。即：

体会（一）

体会（二）

体会（三）

......

在每一部分内部，可以采用先从理论上总述，再列举事实加以证明的方法，使文章有理有据，不流于空。

B. 递进式结构比较适合于表现前后思想的变化过程，尤其是针对以前曾有的错误认识，经过活动（或工作）有所改变的情况。

在层次安排上，递进式结构应先简述以前的错误认识，再叙述参加活动的原因、时间、地点、简单经过，然后集中笔墨介绍经过活动所产生的新的认识和感受，重点放在过去的错误与今天的认识之间的反差，以此证明活动的重要意义。

（3）结尾。心得体会的结尾一般可以再次总结并深化主题，也可以提出未来继续努力的方向，也可以自然结尾，不专门作结。

（4）署名。心得体会一般应在文章结尾的右下方写上姓名，也可以在文章标题下署名，写作日期放在文章最后。

3. 写作心得体会的注意事项

（1）避免混同心得体会和总结的界限。一般来说，总结是单位或个人在一项工作、一个问题结束以后对该工作、该问题所做的全面回顾、分析和研究，力求在一项工作结束后找出有关该工作的经验教训，引出规律性的认识，用以指导今后的工作，注重认识的客观性、全面性、系统性和深刻性。在表现手法上，在简单叙述事实的基础上较多地采用分析、推理、议论的方式，注重语言的严谨和简洁。心得体会相对来说比较注重在工作、学习、生活及其他各个方面的主观认识和感受，往往紧抓一两点，充分调动和运用叙述、描写、议论和说明甚至抒情的表达方式，在叙述工作经历的同时，着重介绍自己在工作中的体会和感受。它追求感受的生动性和独特性，而不追求其是否全面和严谨，甚至在有些情况下，可以"只论一点，不计其余"。

（2）实事求是，不虚夸，不作假，不无病呻吟。心得体会应是在实际工作和活动中真实感受的反映，不能扭捏作态、故作高深，更不能虚假浮夸，造成内容的失实。

（3）语言简洁、生动。文章在运用简洁的语言进行叙述、议论的基础上，可以适当地采用描写、抒情及各种修辞手法，以增强文章的感染力。

（资料来源：百度文库，2019 年 11 月 16 日）

第八章　社会主义基本制度在中国的确立

 历史回顾

基本完成社会主义改造的伟大胜利

1956年在中国大陆，生产资料私有制的社会主义改造取得了决定性的胜利。农民、手工业者劳动群众个体所有的私有制，基本上转变成为劳动群众集体所有的公有制。亿万农民和大多数其他个体劳动者，已经成为社会主义的集体劳动者。资本家所有的资本主义私有制基本上转变为国家所有即全民所有的公有制。全行业公私合营以后，资本家不再是原来企业的所有者，而是按照他们的能力被接受为企业的职员；他们领取的定息，由国家根据合营时核定的私股资产按固定利率付给，已同原有企业的利润没有联系。这样，国家对公私合营企业可以按照社会主义的原则进行生产管理，与国营企业基本上没有什么不同。原私人企业的工人摆脱了雇佣劳动者的地位，同国营企业的工人一样成为企业的主人，这就整合了中国工人阶级的队伍，整个工人阶级的觉悟程度和文化技术水平有了很大提高。加上国营经济在有计划经济建设中的巨大发展，在我国国民经济中，全民所有制和劳动群众集体所有制这两种形式的社会主义公有制经济，已经居于绝对统治地位。

反映到各种经济成分在国民收入中所占的比重上，1956年同1952年相比，国营经济由19.1%上升到32.2%，合作社经济由1.5%上升到53.4%，公私合营经济由0.7%上升到7.3%，个体经济由71.8%下降到7.1%，资本主义经济由6.9%下降到接近于0。这表明，社会主义性质的国营经济、合作社经济和基本上属于社会主义性质的公私合营经济合计为92.9%，占到国民收入的绝大多数。在我国农村，已基本上实现土地公有，全国1亿1千万农户中，有96.3%加入农业生产合作社，建立起社会主义集体经济。我国绝大多数手工业者也加入了手工业集体经济组织。

这标志着 1956 年我国生产资料私有制的社会主义改造已基本完成。它体现了自 1949 年中华人民共和国成立 7 年来，党和国家对农业、手工业、资本主义工商业的社会主义改造，完成了从量的积累到质的飞跃，社会主义经济制度在我国已经建立起来。

我国的社会主义经济制度，是随着不断解放和发展生产力而建立起来的。1956 年，在基本完成社会主义改造的同时，有计划的经济建设也取得巨大成就，提前完成了第一个五年计划所规定的一些主要指标。按 1952 年不变价格计算，工业总产值为 703.6 亿元，比上年增长 28.2%，超过"一五"计划规定的 1957 年所要达到的水平。在列入"一五"计划的 46 种主要工业产品中，钢、生铁、钢材、水泥、纯碱、客车、棉纱、棉布等 27 种产品的产量已达到或超过"一五"计划规定的 1957 年的指标。不仅如此，我国工业技术水平也有很大提高，建立了一系列新的工业部门，已经能够把自己制造的许多设备、材料用以发展工业，装备农业和交通运输，加强国防工业。仅用几年的时间，毛泽东所说中国不能制造的汽车、拖拉机、飞机、坦克，到"一五"建设后期，中国人都能自己制造了。农业方面，虽然遭受了自然灾害，但由于国家对农业增加了投资和贷款，由于农业合作化的实现和农田水利建设的发展，仍取得很大成绩。按 1952 年不变价格计算，1956 年农业总产值为 583 亿元，比上年增长 5.0%；粮食产量为 3855 亿斤，比上年增长 4.8%，接近"一五"计划规定的 1957 年的水平。生产关系的变革进一步解放了社会生产力，促进了生产力的发展。1956 年，工业总产值（包括手工业）在工农业总产值中占 51.3%，其中现代工业比重的增长，为社会主义经济制度的建立奠定了重要基础。

伴随着以生产资料公有制占绝对优势的新的经济基础的建立，社会主义经济体制、政治体制、教育科学文化体制基本形成，经济建设和国家工作的各个方面都适应和服务于社会主义经济制度的建立而得到发展和改善。

在政治上，中国共产党发挥着领导全国人民建设社会主义的核心作用。工人阶级在整个国家的领导地位不断加强，工农联盟以及工人阶级同其他劳动人民的联盟在新的社会主义基础上进一步巩固。以人民民主原则和社会主义原则为特点的《中华人民共和国宪法》颁布实施，人民代表大会制度在国家生活中正式实行，共产党领导的多党合作和政治协商制度继续发展，民族区域自治制度也逐步完善，体现了几年来国家制度建设取得的丰富成果，构筑了社会主义的基本政治制度体系，为把我国建设成为一个伟大的社会主义国家创造了根本的制度保障。

在思想文化和社会进步方面，马克思列宁主义、毛泽东思想在全国的指导思想地位进一步加强。在批判封建主义和资本主义腐朽思想的同时，继承和发扬中国传统文化中的优秀部分，提倡用现代科学方法来整理我国优秀的文化遗产，同时注意吸收外国的一切有益的文化成果，努力开创社会主义的民族的、科学的、大众的文化建设工作。人民群众逐渐树立起明确的社会主义意识，爱国主义、集体主义、为人民服务等共同价值观在越来越多的社会成员中得到崇尚。在全国范围内，社会主义新型的社会关系及与此相适应的良好社会风气、社会道德规范正在形成。这是在旧中国不曾有过的。

中国共产党的领导，人民民主专政的国家机器，马克思列宁主义、毛泽东思想在意识形态领域的指导地位，这些本来就是上层建筑中保障我国过渡到社会主义社会的强大的政治因素，随着社会主义经济基础的建立，它们就担负起为巩固和发展社会主义经济基础服务的任务。依据这一客观历史进程，中国共产党在1956年9月第八次全国代表大会上确认："社会主义的社会制度在我国已经基本上建立起来了。"

按照党在过渡时期总路线的规定，社会主义工业化和社会主义改造的完成，大约需要用三个五年计划或者更多一些时间。实践的结果是，生产资料私有制方面的社会主义改造，到1956年已经基本完成。就这一方面而言，过渡到社会主义的任务已经实现。但是，在发展生产力方面，要把我国由落后的农业国变为先进的工业国，建成一个独立的、比较完整的工业体系，进而基本完成社会主义工业化的任务，至少还需要经过两个五年计划的时间才能打下初步的基础。对农业的技术改造和实现农业机械化还需要花费更长的时间。因此，党没有明确宣布向社会主义过渡时期的结束。这是基于国家虽然进入了社会主义社会，但刚刚建立的社会主义物质基础还很不充分。社会主义改造基本完成后，国家在发展生产力方面还有很长的路要走，由三大改造所建立的新的生产关系，还要适应生产力发展的要求不断进行调整，政治、法律等上层建筑中不适应经济基础的部分，也需要进行调整和改革。所以，1956年我国进入的社会主义，实际上还只是社会主义的初级阶段。1997年9月12日，江泽民在中国共产党第十五次全国代表大会上作《高举邓小平理论伟大旗帜，把建设中国特色社会主义事业全面推向二十一世纪》的报告，报告确认："从五十年代中期我国进入社会主义初级阶段。"

社会主义在中国的实践表明，建设社会主义将是一个漫长的历史过程，还需要党和人民作巨大的努力，甚至还会有原来根本没有预料到的艰难和曲折。但是，中国共产党已经领导中国人民实现了如此复杂、困难和深刻的社会变革，进入社会主义社会。这是一个伟大的胜利，是中华人民共和国历史和中国共产党历史上一个重要的里程碑。

（资料来源：中国共产党历史网，2017年12月15日）

 实践课堂

项目一 为什么说社会主义三大改造的完成是 20 世纪中国的一次历史性巨变

· **实践类型**

主题讨论

· **实践目标**

通过课堂上的小组讨论，让学生认识到三大改造的基本完成，使我国实现了从新民主主义到社会主义的转变，确立了社会主义制度；在过渡时期，中国共产党创造性地开辟了一条适合中国特点的社会主义改造的道路。进而提高学生比较分析、归纳总结及口头表达的能力。

· **注意事项**

观点内容要结合历史事实展开，不能凭空捏造；可以小组代表形式发表观点，也可以个人名义发表观点；活动过程中，要遵守活动秩序，不要嘲笑、讥讽发言的同学，也不要大声喧哗。

· **活动流程**

1. 任课教师提前布置活动任务，讲明注意事项，让学生提前在课下收集资料，做好充分准备。

2. 将学生分为若干小组，每组 8 人，每个小组设组长 1 名，负责本小组的分工及协调工作。

3. 各小组成员明确讨论主题，课下通过书籍、网络等渠道收集资料，整理要发言的内容。

4. 各小组成员将各自整理的资料汇总讨论，确定一种统一的观点（如果有两个及以上大家认为较好的观点，可以在交流时都讲出来）。

5. 任课教师选 1 名学生作为主持人，负责提出任课教师布置的任务话题，安排学生发言顺序，维持活动秩序；选记录员 1 名，记录每位发言学生的发言情况及得分。

6. 各小组各选 1 名（或几名）代表阐述观点，并对每位同学的发言进行评议，

记录员做好记录。

7. 小组代表发言完毕，本小组组长进行总结。

8. 全班集中，各组间进行交流。

9. 任课教师点评，并根据学生的发言稿和其他同学的评议打分。

· **实践成果**

发言稿及评议记录

· **参考资料**

活动评分表

项目	标准	满分	得分	教师评语
分工	分工明确，配合度高	30		
发言稿	观点明确，证据充分，条理清晰	40		
评议记录	客观准确，有说服力，有启发性	30		
	小组：_____ 总分：_____			

记录员记录表

序号	姓名	所在小组	主要观点	得分
1				
2				
3				
4				
5				
6				
7				
8				

项目二 移动博物馆——新中国的第一

· 实践类型

线上展览

· 实践目标

新中国成立初期，我国还是一个落后的农业国，毛泽东曾说："现在我们能造什么？能造桌子椅子，能造茶碗茶壶，能种粮食，还能磨成面粉，还能造纸，但是，一辆汽车、一架飞机、一辆坦克、一辆拖拉机都不能造。"然而，在走上社会主义道路之后，我国却拥有了很多"第一"，比如第一辆汽车、第一辆飞机、第一辆坦克……本次实践活动通过查阅收集并展示新中国的各种"第一"，让学生在实践活动中明白社会主义道路对中国的意义，明白社会主义道路是历史和人民的必然选择。

· 注意事项

各小组分工要明确，各自负责划定的领域，尽可能避免组与组之间做重复的工作，各小组负责领域不宜过多，以免收集的资料不够全面；各小组在查阅收集过程中，尽量找清晰、没有水印的图片或视频，以免影响展览质量；讲解词要生动、有感染力，要简洁、准确，不要长篇大论，不要胡编乱造；讲解员讲解时要吐字清晰、富有激情和感染力，将新中国成就的自豪感抒发出来；做好时间和地点的协调，不要占用其他同学的学习时间和地点。

· 活动流程

1. 任课教师提前 2～3 周布置任务，为活动留够充足的准备时间，讲明注意事项及活动范围。

2. 将学生分为若干小组，每组 8～10 人，全班同学讨论划定各小组负责领域（如科技、经济、医学等领域），每个小组视情况决定负责 1～2 个领域，任课教师负责指导，各小组有问题及时向任课教师询问或反馈。

3. 每个小组推选组长 1 名，负责整个小组的活动安排、进度把握及其他工作；推选两名成员负责图片、视频的整理及 PPT 或视频的制作。

4. 各小组成员分工合作，收集图片、视频资料，交给负责制作 PPT 或视频的同学进行加工处理。

5. PPT 或视频制作完成后，各小组推选 1 名学生根据制作的 PPT 或视频撰写解说词；另推选 1 名学生进行解说，讲解要经过多次练习，以达到熟练自然且情感饱满的程度。

6.各小组将各自制作的 PPT 或视频和讲解词交给任课教师，任课教师与其他院系进行协调，到各院系多媒体教室进行线上展览及讲解。

7.展览结束，每位学生写 1 份活动感悟提交给任课教师。

8.任课教师根据 PPT 或视频、讲解词、讲解员表现及活动感悟等进行综合评价，个人得分由小组得分加活动感悟得分组成。

·实践成果

各小组提交的 PPT 或视频及讲解词，每位学生提交的活动感悟

·参考资料

活动评价表

项目	评分标准	得分	教师评语
小组分工	分工明确，配合度高（20）		
PPT 或视频	画面清晰，生动真实（20）		
讲解词	简洁准确，主题鲜明（20）		
讲解员表现	吐字清晰，基调准确（20）		
活动感悟	见解独到，内容丰富（20）		
姓名：＿＿＿＿ 小组：＿＿＿＿ 总分：＿＿＿＿			

讲解词写作技巧

展品、观众、讲解员三者高度的和谐是展览应该达到的目标。讲解员的讲解是沟通听众与展品的桥梁，讲解员的讲解来自讲解词。因此，讲解的成败很大程度取决于是否有一份生动的讲解词。关于讲解词的写作问题，应主要把握以下几个方面。

一、确定主题

主题是一篇讲解词的灵魂。讲解词写作要有所侧重，对于那些意义深远并且内容丰富的展品，应该有重点、详细地去写。编写讲解词时要"以人为本"，站在普通听众的角度看待讲解内容，切实从观众的参观需求出发，选取能够突出陈

列主题思想和观众感兴趣的点重点介绍，做到详略得当，有所取舍。以西北师范大学博物馆书画馆为例。展馆内有很多珍贵的书画作品，很多参观者时间有限，只能挑选最有价值的作品介绍。因此，像文征明的《石湖观景》、赵佶的《宣和殿蛺蝶图》、仇英的《汉武帝巡猎图》、齐白石的《虾条》等作品就成为讲解的重点。讲解词要向重要的展品"倾斜"，从这些展品入手，将整个展览的内容写好、讲好。对于次要、一般的展品简单介绍即可，无须耗费太多时间。

二、语言口语化

一篇好的讲解词首先得让听众听明白。整篇都是学术性极强的术语，听众一头雾水，什么也没听懂，那么就不是一篇优秀的讲解词。因此，讲解词要口语化，讲解员可以娓娓道来，而不是艰涩难懂。语句要通顺，句式也要适中。不能一直用长句或短句，要适宜。不能因句子过短不连贯，也不能因句子过长使听众难以理解。在句式方面应多采用清爽、简洁的短句、散句，同时还要充分调遣并综合运用整句与散句、长句与短句，使它们错落有致，各尽其长。这不仅有利于表达，也更有利于参观者捕捉重要信息。

三、注重讲解词的准确性

讲解词并非个人肆意挥洒文采的文章，它是集科学性、准确性于一身的说明文。因此，写作讲解词必须讲究内容的真实性。因此，写作讲解词必须认真查阅资料，坚决不写不确定的内容。对于有争议的内容，尽量不写，若写出来，要写明争议。

四、根据展览内容定风格

不同的展览，其讲解词的写作风格也有一定差别，展览讲解词采用什么样的风格，需要根据主题，特别是整个展览的内容来确定。一般来说，内容比较庄重严肃的展览，其讲解词应写得严谨朴实一些；展览内容如果气势恢宏、激动人心，展览讲解词则可以写得大气、富有感染力一些；介绍艺术品的展览讲解词往往是鉴赏性的，其风格应当华美绚丽；内容比较通俗的展览，其讲解词可以写得轻松活泼一些。

五、注重材料取舍

要注重材料取舍。"有所舍才能有所得"。讲解词切忌无重点、过于烦琐。以书画馆《虾条》的讲解词为例，我初次讲解时由于没有经验，把自己了解的关于齐白石的知识全都加到了讲解词中，导致听众信息量过大，反而削弱了听众对画的理解。后来经过老师的悉心指导，我剔除了齐白石与毛主席和郭沫若的一段趣谈，着重讲解齐老画的虾的特点：虾须"柔中有刚"。这样既抓住了讲解的重点，也提高了听众的兴趣。

六、要根据不同听众写作不同的讲解词

在兰州讲解员大赛培训课上，西安半坡博物馆副馆长张希玲女士曾要求讲解员要根据听众的不同写作不同的讲解词。以我讲解的经历为例，前段时间，有一批 8～10 岁的留守儿童来参观。他们年龄小，喜欢有趣的事物，对于校史馆他们完全没有兴趣。而对于恐龙化石、动物标本，他们兴趣很浓。因此，给他们讲解的主题就应该定位在自然展馆。一些年纪比较大的参观者对校史馆和历史书画展馆更有兴趣。所以，讲解要因人而异。

七、讲解词要具有审美价值

1. 知识价值。为听众讲解新知识，激发他们求知的欲望。讲解词要尽量做到丰富多彩、生动有趣。讲解不仅是介绍展品，也是对展品知识的拓展延伸。例如讲解校史馆"百龙戏海"洮砚，就要拓展一下中国古代"四大名砚"的知识。

2. 艺术价值。艺术性可以使讲解词更具活力，更加吸引人、感染人，增强表达效果。罗丹曾说过"艺术就是感情"，讲解词不能索然无味、过于平淡，应饱含着真挚深沉的感情。艺术性还体现在表现的形式上，讲解词要诙谐、幽默，要有"包袱"、趣味。这一点在书画上尤为明显。根据一幅画的构图、着色、用笔等体会作者的绘画技巧与方法，给观众以美的熏陶、美的感染。

3. 科学价值。科学价值讲的是科学精神和科学态度。要实事求是、认真负责地向听众阐述事物的本来面目，向听众展示展品的科学性。

4. 宣传效应。例如校史馆培养师生对学校的热爱，让外校参观者了解师大辉煌而沧桑的百年历史。

（资料来源：稻壳网，2014 年 8 月 25 日，收入本书时有改动）

项目三　爱国主义教育基地收费现状和问题

• 实践类型

实地调查

• 实践目标

通过引导学生对爱国主义教育基地的调查，了解新时期有关爱国主义教育基地收费的相关规定，分析爱国主义教育基地在收费方面存在的问题，并积极寻求

解决路径，对基地未来的发展提出可行性建议，充分发挥爱国主义教育基地的功能，在这一过程中激发学生的爱国情感。

• 注意事项

调查地点的选择要合适，不宜太远，尽可能节省学生在路途中的时间；往返途中要注意安全，相关负责人要及时提醒大家，及时清点人数，做好出现问题后的应对准备；出行前对调查对象要做好了解工作，做到心中有数，以便在调查时有具体的目标和方向；调查过程中，要注意自己的态度和语气，在用问卷或访谈的方法进行调查时，要注意问卷和访谈时间不要太长，以免引起调查对象的厌烦；调查报告要附上活动相关文字、图片过程材料，杜绝抄袭，建议及提出的解决方案要有新视角和建设性意见。

• 活动流程

1. 任课教师提前 1～2 周布置任务，讲明注意事项，提醒大家做好出行准备，提前选好邻近学校的爱国主义教育基地，并获得院系领导或校领导批准外出。

2. 将学生分为若干小组，10 人为 1 组，以小组为单位制定调查方案，编写调查问卷，设置访谈问题；每个小组推选组长 1 名，负责途中本小组的人数清点、出行安全及调查等工作。

3. 任课教师对各小组的调查方案、调查问卷和访谈问题进行评阅，提出修改意见并及时反馈给学生，学生进行进一步修改和完善。

4. 任课教师带领学生前往爱国主义教育基地，学生以小组为单位进行实地走访和问卷调查，调查对象包括基地工作人员、参观游客及附近居民等，各小组分为两队，一队进行访谈，另一队进行问卷调查，各队需有 1 名队员进行拍照工作。任课教师根据实际情况规划调查时间，调查对象人数不宜过少。

5. 调查结束，各小组组长清点本小组人数，提醒各位组员检查有无遗忘物品，确定没有问题后上报任课教师，全部集结完毕后，任课教师带领学生返回学校。

6. 各小组根据调查问卷和访谈的回馈，分析该爱国主义教育基地收费现状及存在的问题，并提出解决问题的可行性建议，在此基础上形成调查报告，并附上每位小组成员的心得体会。

7. 任课教师根据各小组提交的调查报告及心得体会进行评价。

• 实践成果

各小组提交的调查报告及心得体会

· 参考资料

活动评价表

序号	评价项目	满分	得分	教师评语
1	活动完成度	15		
2	组员配合度	15		
3	材料丰富程度	25		
4	问题分析及建议	25		
5	心得体会深刻程度	20		

小组：_____ 总分：_____

爱国主义教育基地收费情况调查问卷

为了解××爱国主义教育基地收费情况，解决××爱国主义教育基地存在的一些问题，以便更好地服务于大家，更好地增强我们的爱国主义情感，我们特做此调查问卷，希望您能配合我们完成该问卷，谢谢！请您在相应题目后边的"（　　　）"内填上您的答案对应的选项。

1. 您的年龄是（　　　）

A. 20 岁以下　　　B. 21～40 岁　　　C. 41～60 岁　　　D. 61 岁以上

2. 您的性别是（　　　）

A. 男　　　B. 女

3. 您是否了解家庭或学校所在地有哪些爱国主义教育基地（　　　）

A. 非常了解　　　B. 不了解　　　C. 了解一些，但不全面

4. 您了解爱国主义教育基地的渠道是（　　　）

A. 朋友介绍　　　B. 电视、网络　　　C. 教师、家长　　　D. 其他

5. 您参观过的爱国主义教育基地的数量是（　　　）

A. 5 个以下　　　B. 6～10 个　　　C. 11 个以上　　　D. 从未参观过

6. 您参观爱国主义教育基地最频繁的时期是（　　　）

A. 念书阶段　　　B. 工作阶段　　　C. 其他阶段

7. 您对××爱国主义教育基地实行收费制是否满意（　　　）

A. 满意　　　B. 不满意　　　C. 非常不满　　　D. 无所谓

8. 您认为××爱国主义教育基地从收费制改为免费制是否合理（　　　）

A. 合理　　　　　　　　B. 不合理

9. 如果避免不了收费问题，您认为是否应该实行选择性收费（　　　）

A. 是　　　　　　　　B. 否　　　　　　　　C. 无所谓

10. 如果实行选择性收费，您认为什么样的人群应该被免费（　　　）【多选】

A. 学生　　　　　　　B. 儿童　　　　　　　C. 老人

D. 军人　　　　　　　E. 烈士家属　　　　　F. 残疾人

11. 您认为××爱国主义教育基地有没有发挥出应有的作用（　　　）

A. 有　　　　　　　　B. 没有　　　　　　　C. 一般

12. 如果没有发挥出作用，您认为原因是（　　　）

A. 收费不合理　　　B. 交通不便　　　　C. 基地没有吸引力

D. 利用率不高（一般指学校）　　　　E. 其他

13. 您参观过××爱国主义教育基地吗？原因是（　　　）

A. 没有，因为收费过高，花这么多钱不值得

B. 没有，对该历史不了解，进去看了也没多大意义

C. 参观过，该历史的教育意义很有价值，值得我们花钱去观看

14. 您认为××爱国主义教育基地最好的环节是（　　　）

A. 生动地讲解　　　　　　　　B. 各种展览品

C. 现代化辅助工具　　　　　　D. 其他

15. 您认为××爱国主义教育基地实现的最大功能是（　　　）

A. 文化传承价值　　　　　　　B. 民众监督

C. 历史教育价值　　　　　　　D. 思想教育价值

16. 对于大家认为如今教育基地商业化的看法，您认为应该从哪几个方面着手改善（　　　）【多选】

A. 政府加大收费控制力度　　　B. 民众监督

C. 出台相关政策，实行惩罚制度　　D. 强制实行免费制

17. 您觉得如今××爱国主义教育基地有哪些问题需要改善（　　　）

A. 收费问题　　　B. 基础设施　　　C. 教育形式单一

D. 导游讲解不深入　E. 服务意识不强　F. 多借助现代技术

谢谢您的配合！

访谈记录

对一名工作人员的访谈

问：请问作为一名工作人员，您对收费问题怎么看？

答：相对来说还是蛮合理的。

问：那么相对其他地方来说，这样的收费合理吗？

答：还是蛮合理的。

问：您觉得人们为什么喜欢这里？

答：因为这是唯一一个××运动的纪念馆，这段历史也是为人所知的。

问：这里的收费情况有没有调整过呢？

答：没有，很多年都是30元了，因为这里的整个场地范围蛮大的，整个加起来才30元。

对一名教师（60岁左右）的访谈

问：请问您觉得爱国主义教育基地应该收费吗？

答：不应该，当然不应该，一旦收费就会变成了一种商业行为，如果收费是不是就是说，我没有钱就不可以爱国？不应该把商业行为和政治行为联系在一起。

问：那除了××爱国主义教育基地，您还知道其他的爱国主义教育基地吗？

答：有啊，×××、×××，还有其他的一些。

问：那么那些地方收费吗？

答：不收，×××不收费，但是里面有些地方还是会收费的，我觉得就不应该收费，这些教育基地是为了教育人的，他们总是打着爱国主义的旗子来敛财！

问：那么您觉得解决措施有哪些？

答：我觉得我们可以借鉴其他国家，企业捐资、政府捐资和民间捐资，不一定要那些来接受爱国主义教育的人来出资。我们是来接受教育的，就不应该收费。

对一名中年男子（30～40岁）的访谈

问：请问您觉得像这样的爱国主义教育基地对学生是不是应该免费呢？

答：当然了，当然应该免费了，学生是来学习的，不应该收费。

问：那您觉得这样的基地是不是发挥了一定的作用呢？

答：一般般吧，我觉得这样的效果一般般，都是抱着参观的思想来的。

问：那您会带着自己的小孩来这里参观吗？

答：会的，肯定会的，这也是一种教育的方式，还是比较有意义的。

问：那么，您还了解其他的一些爱国主义教育基地吗？

答：×××，不过我还没有去过。

问：那您知道有关于××的这段历史吗？

答：知道一些，大概知道。

问：你在参观的时候有没有觉得有什么问题？

答：收费问题是一个值得关注的问题。

问：那现在有一些爱国主义教育基地受到了冷落，您觉得这是为什么呢？

答：收费是一个主要问题，还有就是历史被淡忘了，人们已经不记得这段历史了，想不起来来参观。

问：那您觉得这边收费 30 元可以接受吗？

答：还是有点高的，10 块钱差不多，免费的话就更好了。而且针对不同的人，比如学生就是不应该收费的。

对一名学生的访谈

问：您知道的爱国主义教育基地有哪些？

答：×××、×××这些，×× 这个地方爱国主义教育基地还是比较多的。

问：您参观过几个爱国主义教育基地？您身边的朋友是否经常去呢？

答：朋友都会一起去的吧，但是很少。

问：那您的家乡有哪些爱国主义教育基地呢？

答：×× 的那个吧，还有就是关于××××的那个。

问：现在有很多爱国主义教育基地受到冷落，您觉得是什么原因？

答：因为了解得比较少吧，要是讲解全面些了解会更多。而且课本上介绍得少或者没有的就想不到去参观纪念馆。

问：那你们对 ×× 这段历史了解吗？

答：大概就知道×××吧，他是发起人，还有就是高中历史书上讲的一些内容。

问：你们学校有没有组织你们去过这类地方？

答：小学的时候有过，后来就没有去过了。

问：您觉得像××爱国主义教育基地现在的收费标准能接受吗？

答：还行吧，没有很贵。不过学生半价就更好了。

问：所以你们很支持选择性收费是吧？

答：是的，老人、军人之类的都可以免费的吧。

问：你们现在参观××爱国主义教育基地有什么感受？

答：就是以前书上学到的现在都可以亲眼看到，挺好的。积极的地方多一点。

问：那这个爱国主义教育基地对你们有什么教育意义吗？

答：就是了解历史吧。

第九章　社会主义建设在探索中曲折发展

历史回顾

一个超越阶段的梦想

1957年11月，在莫斯科举行世界12个社会主义国家党的代表会议期间，赫鲁晓夫公开宣称："同志们，我们计划设计者的计算表明，在以后的15年中，苏联不仅能够赶上，并且能够超过美国目前的重要产品的产出量。"受苏联的影响，中国提出：15年钢产量赶上或超过英国。按照这个目标，中央调整了党的八大确定的经济发展指标，钢产量到1962年要达到1200万吨，其他重要的工业指标如煤、发电量、化肥、水泥等也相应地做了提高。1949年中国产钢15万吨，1957年产钢535万吨，据设想，1972年可以达到4000万～4500万吨。英国1870年产钢22万吨，1957年产钢2099万吨，预计到1972年可能达到3600万吨。这样中国只用23年，便可以走完英国102年走过的路。这对于经济十分落后的中国的确是一个巨大的诱惑和鼓舞。然而，事情并没有就此止步。

1958年1月，毛泽东提出了"生产计划两个两本账"的计划工作方法：中央两本账，一本是必成的计划，这一本公布；第二本是期成的计划，这一本不公布。地方也有两本账，地方的第一本就是中央的第二本，这在地方是必成的；第二本在地方是期成的，评比以中央的第二本账为标准。具体指标的制定，采用"五年看三年，三年看头年，每年看前冬，年年争取超过"的方针。1958年1月南宁会议提出的1958年计划指标为：钢620万吨、生铁720万吨、煤炭1.5亿吨、发电量220亿度、粮食3920亿斤，分别比1957年增长17%、22%、16%、15%、5.9%。3月成都会议上，1958年计划指标又大幅度提高。将南宁会议指标定为第一本账，新的第二本账为：钢700万吨、生铁800万吨、煤炭1.6737亿吨、发电量246亿度、粮食4316亿斤，分别比1957年增长35.5%、35.5%、30.1%、29.3%、16.6%。

中央认为，第二本账确是一个多快好省的账，它反映了我国国民经济大发展、"大跃进"的新形势，同时认为只要我们继续保持革命干劲，我国社会主义工业化的速度就可能比苏联更快一些。我们就可以掌握时机，在比15年更短的时间内超过英国。此后，各地区、各部门纷纷制定自己的第二本账，层层加码，1958年计划指标越来越高。

1958年5月，党的八大二次会议概括提出了"鼓足干劲，力争上游，多快好省地建设社会主义"的总路线。同时，计划指标进一步大幅度提高，即建设速度不是一般地超过过去的中国，一般地超过资本主义国家。建设速度要成倍地、几倍地以至几十倍地超过过去的中国和一切资本主义国家。在这个思想基础上通过的指标，工业方面普遍提高一倍，农业方面普遍提高20%～50%。会议提出的各项指标，分别提前2年、3年或者4年实现"二五"计划建议的年限。很显然，这是一个古今中外从来都没有过的高速度。

会议期间，毛泽东使用了"我国7年赶上英国、再加8年或者10年赶上美国"的提法。会议之后，人们的热情继续升高。

6月中旬，冶金工业部提出了1962年产钢6000万吨的新指标，这比党的八大二次会议提出的3000万吨又翻了一番。毛泽东批示说，只要1962年达到6000万吨，超过美国就不难了。必须力争在钢的产量上在1959年达到2500万吨，首先超过英国。

8月中下旬，中共中央政治局在北戴河举行扩大会议，正式决定：1958年钢产量由原计划的620万吨提到1070万吨，即比1957年的535万吨翻一番；粮食预计可达到6000亿～7000亿斤。1959年生产速度要比1958年更快，钢产量要达到2700万～3000万吨，生铁要达到4000万吨；粮食为8000亿～10000亿斤。会议把第二个五年计划的指标提高到了空想的程度。

不断加码的高指标带来高估产和浮夸风。严重虚报产量的浮夸风吹遍全国，各地竞相放"高产卫星"，产量越报越高，很快达到荒诞的地步。这就出现了这些令人瞠目结舌的数字：

1958年1月3日广东汕头早稻3000斤

6月11日河北魏县小麦2394斤

6月16日湖北谷城小麦4353斤

6月18日河南商丘小麦4412斤

6月30日河北安国小麦5103斤

7月12日河南西平小麦7320斤

7月22日福建闽侯早稻7275斤

8月1日湖北孝感早稻15000斤

8月13日湖北麻城早稻36900斤

9月18日四川郫县早稻84525斤

9月18日广西环江早稻130434斤

在这种极度浮夸的气氛下，一些省及国家部门、媒体也陷入盲目乐观状态。

7月23日，农业部发表夏收粮食公报，宣布夏粮总产量达1010亿斤，比上年增产413亿斤，增长了69%。同日，《人民日报》发表题为《今年夏季大丰收说明了什么》的社论，认为"只要我们需要，要生产多少就可以生产多少粮食出来"，一切以为农业产量只能按百分之几的速度而不能按百分之几十的速度增长的所谓悲观论调已经全部破产。28日，农业部估计，早稻总产量比上年增长400亿斤，翻一番。8月、9月、10月，安徽、河南、四川分别宣布为千斤省。

8月27日，《人民日报》用通栏大标题发表署名文章《人有多大胆，地有多大产》，文章宣称：山东寿张县"提5000斤指标的已经很少。至于亩产1000～2000斤根本没人提了"。他们一亩地要产5万斤、10万斤以至几十万斤红薯。一亩地要产1万～2万斤玉米、谷子。他们的措施是在足水、足肥、深翻的基础上放手密植。一亩谷子过去只留苗3万多株，现在放手密植到10万株、20万株，甚至40万～50万株。他们"在搞全县范围的亩产万斤粮的高额丰产运动"。

那时，墙壁上到处贴满了宣传画：玉米长到月亮上，惊扰了寂寞的嫦娥；水稻亩产万斤的卫星腾空而起，连太阳也黯然失色；棉花堆成的高山耸入云端，山顶的娃娃笑哈哈地遥指珠穆朗玛峰……

3年"大跃进"造成的损失合计约1200亿元，后来又用5年时间调整国民经济，才恢复到1957年的产量总水平，国家的建设走了大弯路，在一些重要方面丢失了8年，而恰在此时，一些国家如日本在经济与科技方面得到迅速发展，我们与之差距拉大，这是一个长时间弥补不了的重要损失。

（资料来源：《中华人民共和国历史纪实》，红旗出版社1994年版，收入本书时有改动）

 实践课堂

项目一 历史小报——中国共产党第八次全国代表大会

· **实践类型**

制作小报

· **实践目标**

探索中国式的社会主义建设道路，是一个长期的、曲折的过程，尽管在探索中出现了严重失误，但是，由于党和人民的艰苦努力，我国的社会主义建设仍然取得了巨大成就。这些成就，成为之后中国特色社会主义建设的坚实基础，而中共八大是该探索过程中异常重要的一个环节。学生通过制作小报，将对中共八大相关历史人物、事件、方针政策有更加深入、理性的理解，进而坚定与国家分享发展的喜悦，胸怀坚定自信的国家观。

· 注意事项

制作前要了解党的八大的相关历史及相关人物，了解小报的格式、版式等信息，可参考平常看的报纸；收集资料要注意资料来源的广泛性、准确性和可靠性，最好能用从官网上找到的资料；形式不限，内容要丰富，体现出历史性、多样性和一定的艺术性，可从多个角度展开，但不要偏离主题；选用 4K 纸，根据内容需要，采用单面或双面设计，小报应写明办报班级、负责人、日期、版数等；初稿完成后，要注意重复做几遍校对工作，避免出现错别字或不当言论。

· 活动流程

1. 任课教师提前 1 ~ 2 周布置任务，讲明注意事项，明确主题。

2. 将学生分为若干小组，每组 10 人，每个小组出 1 份小报。

3. 每个小组选组长 1 名，负责小报的统一设计与分工；其他成员各司其职，分别负责资料的下载与编辑（采编）、色彩的搭配、图片的加工等（美工）、版面编排、文字和图片的搭配（排版），最后的校稿及审报（审校）等。

4. 任课教师根据各小组制作的初稿，作出指导和修改建议，各小组根据任课教师的建议进行修改和完善。

5. 小报制作完成，任课教师批阅后，根据课时情况提前 1 周在各班选出若干份小报进行展示，选中的小组推选 1 名学生在课堂上讲解小报的制作和内容，任课教师和其他学生可以随时针对报告内容进行咨询或提问。

· 实践成果

以小组为单位提交的历史小报

· 参考资料

如何制作小报

小报最直接的表现形式是版面。版面少的有 2 版，版面多的有十几版。下面分别对组成版面的各主要部分加以介绍。

一、版面组成

1. 报头

报刊中最重要的部分是报头。报头主要写报刊名称、主编、日期、期数等，还可适当插入一些图片。在设计报头的色彩时应注意突出文字的色彩。

2. 标题

标题是各篇稿件的题目。标题主要起突出报刊重点、引导读者阅读的作用。在形式上主题所用字号要大，地位要突出。

3. 专栏

专栏是由若干篇有共性的稿件组成的相对独立的版面。一般以精巧的头花（也叫专栏标题）统领，并用边线勾出，为版面中独具特色的小园地。

4. 文字

文字是小报的基本单位。小报的文本一般都采用六号宋体，少数采用五号字。小报中一般不使用繁体字。为了便于读者阅读，在页面中一般采用分栏形式。为了将文章与文章区分开来，一般都采用简单的文字框边线，或用不同的颜色文字、底纹色块来加以区别。在文字的排版方式上，应尽量照顾读者的阅读习惯。横排时，从左到右，从上到下；竖排时，从上到下，从右到左。

5. 花边

花边是用来将文章与文章隔开、美化版面而设立的。因此，在设计上造型要以简单为好。纹样不要复杂，色彩不要多样，整个版面不宜变换花边太多，一篇文章尽可能只用一种花边，边线数也以少为好。

6. 插图

为了活跃版面，在编排与设计时可在版面中适当地插入一些插图。这是由于图形在视觉上比文字更具有直观性的优势。插图既能突出地烘托出本栏目的主题，又可获得理想的装饰效果。另外，在编排时也要考虑插图在版面中所占面积和分布情况。

二、报刊风格

1. 版面类型

根据版面的总体结构形式，可将版面分为板块式结构和穿插式结构两大类。

（1）板块式结构。版面上稿件以规则的四边形为主，形成大大小小的板块。优点是版面篇幅较多、排版简单、制作速度快、便于阅读；缺点是容易导致版面呆板、单调，不利于体现稿件之间的联系。

（2）穿插式结构。版面上的稿件多呈不规则的多边形，稿件之间相互穿插，这种结构的特点是版面较为活泼。

2. 版面的美化

要设计一个美观的版面，应考虑以下几点：

（1）图文并茂。图片不仅可以美化版面，而且可以辅助文字说明，还可以吸引读者视线，增强宣传效果。

（2）长短搭配。有意识地在一个版面上选用不同体裁的稿件，易于解决长短搭配问题。如果一个版面需要两篇长文稿，可采用加插图、插题等方式予以"短化"；如果一个版面短文稿过多，可采用加专栏或大标题方式把它们组织起来加以"长化"。

（3）排列多样。在一个版面上，对各篇稿件的安排要富予变化。如果两个标题都采用横标题形式，应注意不要放在同一行内，以免碰题；如果两个图片放在同一版中，则应注意不要放在同一行、同一列中，以免读者产生对比误解。

（4）各具特色。版面与版面之间也要风格各异。小报的版面要尽量做到图文并茂，给读者以形式美感为第一印象。版面的编排与设计应以主题明确突出、版面生动活泼为目的。

稿件的字数必须与版面安排结合起来考虑。如果原文的字数太少，可以采用适当增大标题字号、添加图片的形式来解决；如果原文的字数太多，编辑就要对原文进行大量删减。如果这两种方法都不允许，那么就要另换一篇字数相当的文章了。

（资料来源：稻壳网，2019 年 5 月 8 日，有改动）

项目二 历史反思——《芙蓉镇》

• 实践类型

观看影片

• 实践目标

通过开展观影活动，使学生更全面、更深入地了解电影的历史背景，了解那个历史背景下一部分人坚持真善美的优良品质；对那段历史的真相和原因有充分的认识，并进行反思，在此基础上，激励自己努力学习，坚持真善美的精神追求，提升自己的道德品质，增强自身的历史责任感和使命感。

• 注意事项

在观看影片的过程中，注意保持现场秩序，不要大声喧哗、大声议论；注意视、听、感、思的结合，在视觉中感悟，在听觉中思考。

• 活动流程

1. 任课教师结合课程进度，在合适的时候播放电影《芙蓉镇》。在播放电影之前，任课教师给学生作简短的资料背景介绍，以帮助学生明确观影目标。

2. 学生提前准备好纸和笔，在观看影片的过程中，随时用文字记录下自己印象深刻的一幕或自己油然而生的感悟。

3. 任课教师播放电影，播放过程中，任课教师可根据需要酌情快进或跳过。

4. 观影结束后，任课教师引导学生交流讨论影片中故事发生的原因，并对故事发生的必然性和偶然性进行探讨。

5. 课后学生从历史角度、事件影响、个人感受着手写一篇观后感，并上交任课教师。观后感要观点明确，表达清楚简洁，理解深刻，有自己独到的见解和看法。

· 实践成果

每位学生提交的观后感

· 参考资料

相关链接：
电影《芙蓉镇》

《芙蓉镇》观后感

上星期，我们在老师的组织下观看了《芙蓉镇》这部电影，带给我深深的震撼。它带我走进了 1963—1979 年，走进了中国的动乱年代。

《芙蓉镇》是由谢晋导演在 20 世纪 80 年代所执导的，影片开头就为观众展示了一位勤劳朴实的底层劳动人民，也就是本片的女主人公胡玉音。她与丈夫合开了一家米豆腐店，随后又建起了一栋新房，可是没想到，在当时的革命背景下，她被划为资产阶级右派、富农婆。1966 年，红卫兵在全中国兴起，她和本片男主人公秦书田（秦癫子）一起清扫大街，随后两人在相处中产生感情。胡玉音怀有身孕后，秦癫子向镇上上交结婚报告却被严加阻拦，直到 1979 年，革命浪潮结束之后，本影片才呈现出圆满的结局。

如果不结合当时的时代背景，那么许多人会把它简单地作为一部农村妇女的悲惨情感史。但是导演谢晋却是以一位典型的农村妇女为线索，批判人性的扭曲和阶级斗争。还记得影片里的一个情节，黎满根和他媳妇吵架时，在他被妻子摔到地上之后，他生气地拿鞋子去打她，可是他妻子却说了一句"谁叫你坐在凳子的……"这句话让他顿时如泄了气的皮球一般颓废。这简简单单的一句话便说明了在当时的中国，在当时的中国人民心里，对"右"这个字是多么敏感，或者说是多么恐慌。"五类分子""地主"等这样的帽子在当时一旦被扣上，那这个人就将过着如秦癫子所说的"既像人又像鬼"的生活。中国人民恨这种"帽子"。可是影片中也有这么一群人，他们是阶级斗争的保卫者，如李国香、王秋赦。影片中的李国香是县城派下来的监督干部，由于她嫉妒胡玉音和谷燕山之间的感情，便借右派之名对两人进行报复。导演正是想借李国香这种角色反映出当时人性的扭曲及阶级斗争的可怕。在李国香被红卫兵挂上破鞋之后，她与胡玉音、秦癫子一起站在雨中。雨停之后，秦癫子给了她一把扫帚，她却颤抖着食指对他说"你这个反动右派"。后来，她与另一位阶级斗争的拥护者王秋赦狼狈为奸，最后落得个寂寞而悲伤的结局。而王秋赦在影片的最后还在敲着锣嘶哑着嗓子不停地喊着"运动了，运动了"。

就是这样一群普通的农民，导演谢晋把他们与历史的背景结合在一起，给国人以深深的震撼，为我们还原了当时最真实的中国。导演谢晋能有勇气为国人真实地讲述中国历史上的错误之路，我们感谢他的这种勇气。同时也让这部影片被部分网友评为中国最好的影片。

《芙蓉镇》被网友们评为中国最好的影片，不仅仅在于导演把人物形象与时代背景、政治形势的完美结合给我们带来的震撼，更有我们对影片中人物角色的感动。

在看完《芙蓉镇》之后，我发现自己佩服起胡玉音生命中的三个男人，一个是她的第一任丈夫桂桂，一个老实善良的男人，一个可以为了胡玉音壮着胆子去杀人的男人，最后被李国香逼得自杀。第二个是谷燕山，是在她危难中把她救下来的男人。而第三个男人秦癫子，是告诉她无论怎样也要活下去的男人，哪怕像牲口一样活着，这个男人给了她生活的希望，也是她生命的救赎。

胡玉音一开始被划为富农婆时，她是恨极了秦癫子的，她恨他为什么要在她门前写对联，明明知道自己是资产阶级右派还要出现在自己的婚礼上。可是后来她感受到秦癫子的好，告诉她怎么在苦难中得到快乐，她还是爱上了他。因为秦癫子有一颗乐观的心，在他上交结婚报告被阻拦后，在墙上贴上黑夫妻对联后，他还是乐观地安慰着胡玉音："不管是黑夫妻红夫妻白夫妻的，总归是夫妻啊！"在得知自己被判了10年有期徒刑后，他对胡玉音说："活下去，哪怕是像牲口那样也要活下去。"因为他知道一旦他也离去，胡玉音极有可能受不住这样的打击。活下去，好好活下去，就算是在一个个残酷的事实面前。在他面对自己的敌人时，他也是如此的大度。在李国香被挂上破鞋后，他还是给了她扫帚，即使后来李国香不领情，但在故事的结尾他还是劝李国香过上平常百姓的生活，不要再和百姓过不去。就是这样一个善良的男人因为出生在那个满是"阶级斗争"的年代，似乎有多一点点的文化，有多一点点的知识都是罪过。

影片女主人公胡玉音，是一位勤劳勇敢的劳动妇女。她也带给我们许多的感悟。不得不说，她很会处理人际关系、打理家务，经营小摊也很有一套。同时她也是个懂得感恩的女人。在她第一任丈夫桂桂死了之后，她几次哭晕在他的坟地上。对于第二个男人，在胡玉音生产之时把她送进了医院，于是在孩子生下来之后，她毫不犹豫地给孩子取名为谷军，让没有子嗣的谷燕山没了遗憾。对于她生命中最重要的男人秦书田，她不离不弃等待了他10年，毫无怨言。而在1979年为她平反之后，有干部对她说："房子和钱都会还给你。"胡玉音听后只说了一句话："我的男人呢？能还给我吗？"这一句话感动了多少观众。这是一位朴实的农村妇女对阶级斗争最直接的控诉吧。这样一个重情重义的女子最终也得到了一个圆满的结局。

在看完这部电影之后，我查了导演谢晋的资料，那时我才知道原来谢晋是亲身经历过的，他用他自身的经历拍下的这部电影，无须作假，无须夸大，他是经历者，他也是受害者，他不能忘记，他不能原谅，可是却也无可奈何。他用影片中谷燕山那句"完了，没完，完了，没完"来提醒我们，生活还在继续。

影片《芙蓉镇》除了生动的人物形象和真实的政治背景给人留下深刻的印象外，其创新也值得一提。

其实，涉及"文革"题材的电影有许多，其中不缺名家之作，如：张艺谋的《活着》、姜文的《阳光灿烂的日子》、陈凯歌的《霸王别姬》。他们各有特色，其实不缺恢宏的场面，如游街、批判大会等大场面。而导演谢晋却是从一个山清水秀、宁静美妙的小村庄开始剧情，以逼真朴实的氛围，对接严谨的影像结构，将政治运动的变幻、人心的叵测表现得淋漓尽致。而影片取得成功当然缺不了演员的努力演出。女主角刘晓庆饰演的胡玉音，坚韧的性格之中蕴藏着一丝丝柔弱，在现实生活的步步紧逼之下，她柔弱地抵抗，就如秦书田所说："像牲口一样活下去！"这也是感动观众的力量所在。

也许现在已经很少有人再来看这部老电影了，因为它的画质不那么清晰，因为它的题材过于沉重，也太过于遥远，但是在生活美好的今天，我们应谨记历史，吸取教训，继续前行在清馨的路上……

（资料来源：稻壳网，2019年10月13日，收入本书时有改动）

项目三 我的"传家宝"

• 实践类型

寻找物件

• 实践目标

通过寻找能反映全面建设社会主义时期人民群众艰苦奋斗、积极进取的家庭物件，并向大家讲述这个物件的历史故事（有条件的可以询问爷爷奶奶辈的老人关于这个物件的一些故事），使学生进一步了解那个时代发生的事情，继承那个时代人民群众脚踏实地、艰苦奋斗的优良传统和作风，了解我们如今的幸福生活来之不易，在现在这么好的生活环境下，更应该努力奋斗，为实现中华民族伟大复兴贡献自己的绵薄之力。

· 注意事项

在进行该活动前，要深刻理解"传家宝"的内涵；由于要将物件带到学校，有丢失的风险，因此，对于意义重大但不贵重的物件，一定要让父母知情，如果父母不同意带到学校，将该物件拍照亦可，对于贵重物件，只拍照即可，不要带到学校；要如实讲述物件的真实历史，不要编造故事；其他同学不要取笑讲故事的同学的物件和故事。

· 活动流程

1. 任课教师在学生放假前将任务布置给学生，并讲明注意事项，尤其是贵重物件的安全性问题。

2. 学生利用放假时间寻找物件，向老人或其他街坊邻居家的老人请教物件的经历及意义，做好文字记录。

3. 在返校途中，保管好自己携带的物件，避免丢失对家庭有意义的物件。

4. 任课教师选 2 名学生作为记录员，记录每位同学展示的物件及其主要经历；选 1 名学生负责对"传家宝"进行拍照。

5. 班长作为主持人，首先向大家讲解展示"传家宝"的意义，并主持"传家宝"的展示活动。

6. 由班长带头示范，向大家展示"传家宝"，并讲述它的经历和意义，其他同学依次展示，每位同学将时间控制在 2 分钟左右，负责拍照的同学一一给"传家宝"拍照。

7. 全部展示完毕，任课教师进行点评。

· 实践成果

"传家宝"照片及文字说明

· 参考资料

记录员记录表

姓名	物件名称	物件照片	物件经历	物件意义	得分

活动评分表

项目	评价标准	满分	教师评语
物件	真实可靠，意义丰富	50	
讲述	讲述细致，深受启发	50	
姓名：_____ 得分：_____			

小小藤箱价无边

在我的家中，珍藏着父亲留给我的一个小藤箱。我父亲生于清朝末年，祖父无房无田，冒险在长江拉纤谋生。因家境窘迫，父亲13岁那年就去学铜匠手艺，购置了此物，屈指算来已有近百年历史了。

当年，父亲一头挑着打铜工具，一头挑着这只小藤箱，里面装着几件打满补丁的换洗旧衣衫，为了全家人的生计，跑遍了鄂西村寨山乡。经过父亲的不懈努力，好不容易家境渐有起色，买下了3亩薄田。然而，正当他人到中年时，我母亲却撒手人寰，为此，父亲不得不终止打铜生涯，种田理家，承担起又当爹又当妈的角色，这只小藤箱才得以闲置在家若干年。

直到我上中学，小藤箱传到我手中。那是一个初秋的清晨，父亲背着这只小藤箱送我踏上蓝岭溪码头的小木船。我不会忘记乡亲们欢送我北上读大学那一天，父亲执意送我到三斗坪码头，登上"东方红"江轮。这次，我再也不忍心年迈的父亲给我背小藤箱了。对父亲道一声"您多保重"，已然热泪盈眶。未曾想，这竟成了我和父亲的永别！

大学毕业后，我被分配到条件艰苦的大西南参加国防三线建设，从船舱扛200斤大米走跳板上岸，累得腰肌劳损住进医院，小藤箱亦默默地陪伴在我身边。在"科教兴国"的决策下，我调回天津从事科研工作，途中多件行李被盗，小藤箱却得以幸免。

我到上海定居时，家人看到这个破旧的小藤箱，劝我扔掉。我断然拒绝，默默地捡来压纱窗边的塑料条进行修补，在箱子内壁糊上白报纸，写上我对父亲的评价和怀念。

小藤箱伴随着我们父子两代人走南闯北，渡过了多少艰难困苦，承载了我们多少梦想和希冀！见证了父亲对我怎样的深情！我要继续把它、把我的家史和艰苦奋斗的家风传给子孙。

（资料来源：汪一江《"中国近现代史纲要"课实践教程》，
安徽师范大学出版社2016年版）

第十章　中国特色社会主义的开创与接续发展

历史回顾

十一届三中全会的台前幕后

1978 年前的中国，经济陷入崩溃边缘，百业待举。但是许多人还不能正确认识和对待毛泽东思想，还不能正确区分毛泽东的历史功绩和晚年错误，党和国家的工作在前进中出现徘徊的局面，十一届三中全会让全民思想得以解放。

"冬去春来"之会——邓小平春天里的宣言书

1978 年 12 月 18 日，即将迎来冬至的北京异常寒冷。但就是在这样一个寒冷的日子，一个特别的会议——党的十一届三中全会的召开却使中国从此走向春天。

春天里

十一届三中全会通过的《公报》一开头，就专门写了一个自然段，只有一句话："在全会前，召开了中央工作会议，为全会做了充分的准备。"原定 20 天的中央工作会议，却从 1978 年 11 月 10 日一直开到了 12 月 15 日，延长到了 36 天。3 天后，十一届三中全会开幕，为期 5 天。有太多出乎意料、超过预设的改变出现在那次中央工作会议上，看上去似乎有些偶然。历史，总喜欢用这样偶然的联系，拼接必然的进程。

改革开放的总设计师

1978 年 11 月 10 日，北京京西宾馆，中央工作会议开幕。会议由时任中共中央主席华国锋主持，再次走上中国领导人岗位的邓小平也吸引着世界的目光。法新社当晚发出的消息这样描述：邓先生似乎并没有由于他去年受到贬损而有什么改变，看上去比他的实际年龄要年轻 10 岁。这次复出后，邓小平站在一个更广阔的舞台上，他开始承担起那个被每个中国人铭记的角色——改革开放的总设计师。此次会议一个核心议题："党的工作重点转移到社会主义现代化建设上来"，就是由他提出的。

邓小平的"宣言书"

12月13日，邓小平在中央工作会议闭幕式上作了《解放思想，实事求是，团结一致向前看》的讲话。《邓小平文选》收入这篇讲话时作了这样一个注释："邓小平同志的这个讲话实际上是三中全会的主题报告。"邓小平说："一个党，一个国家，一个民族，如果一切从本本出发，思想僵化，迷信盛行，那就不能前进，它的生机就停止了，就要亡党亡国。"邓小平的这个讲话，在今天读来仍然振聋发聩。

"一鸣惊人"之会——陈云抛出"6颗重磅炸弹"

"文革"中受到冷遇，长期"养病"

1962年9月党的八届十中全会给了陈云沉重的打击。毛泽东称陈云为"老右倾"。这样，虽说陈云的职务仍是中共中央副主席，但是他不再主持中国的经济工作了。陈云受到冷遇，长期"养病"。在粉碎"四人帮"之后，中共第十一次全国代表大会在北京召开。陈云的名字虽然出现在222名的主席团成员名单之中，但仍只是中共中央委员。十一届三中全会中央工作会议的前两天，议程按部就班，气氛波澜不惊。陈云坐在会议室面朝主席台的席位上——当时的他仅是一名中央委员，没有任何实职。

"六颗重磅炸弹"

11月12日，会议开到第三天，在中央工作会议分组讨论的东北组发言中陈云提出了6个问题：一、"薄一波等61个叛徒案"，他们出"反省院"是中央决定的，不是叛徒。二、对于那些在"文化大革命"中被错误定为叛徒的同志应给以复查，如果并未发现新的有真凭实据的叛党行为，应该恢复他们的党籍。不解决这些同志的问题，很不得人心。三、陶铸、王鹤寿等同志现在或者被定为叛徒，或者留着一个"尾巴"，应重新复查。四、彭德怀同志对党的贡献很大，他的骨灰应该放到八宝山革命公墓。五、"天安门事件"是北京几百万人悼念周总理、反对"四人帮"、不同意批邓小平同志的一次伟大的群众运动，而且在全国许多大城市也有同样的运动，中央应该肯定这次运动。六、康生的错误很严重，应当给予批评。

"十年不鸣，一鸣惊人"

陈云的发言，可谓"十年不鸣，一鸣惊人"。他浓重的吴语普通话盖过了会场所有的杂音，代表们诧异、惊愕、兴奋，心情随着陈云抛出的一个比一个更有力量的"炸弹"而跌宕起伏。鉴于陈云的发言反响强烈，得到众多与会者的支持，11月25日，华国锋代表中共中央政治局在会上表态接受陈云提出的意见。尤其是为"天安门事件"平反，引起了极大的震动。另外，在1978年12月10

日，陈云在东北小组，还就经济工作作了一次发言。

"思想解放"之会——代表们发言踊跃、讨论热烈

1978年12月18日，古老的北京城瑞雪飞舞。上午10时，开启改革开放大幕的中共十一届三中全会在京西宾馆召开。有了中央工作会议的充分准备，十一届三中全会的各项议题已经顺理成章。此次会议仅仅开了5天。

出席三中全会的中委169人

"铃铃……"清晨5时，闹钟刚响两声，张丽华爬了起来，随后和一帮姐妹们赶往京西宾馆第一会议室布置会场——摆茶具、叠毛巾。张丽华今年54岁，30年前，她是京西宾馆会议科服务二组的一名服务员。十一届三中全会召开期间，主要负责给主席台的领导续茶水。"会场里面的人坐得满满的，人和人挨得很近，从后面倒水还真得讲究点技巧，主席台也特别长，领导的表情也都很庄重。"张丽华当天留着齐耳的短发，身着白衬衣、蓝裤子的她拎着5磅的大暖瓶守候在第一会议室外。"实际出席三中全会的中委169人，占中委201人的84%""列席的有9人"。

代表挑灯夜读文件

在张丽华的眼中，当时的邓小平总是在思考的样子。"他爱抽烟，出于健康的考虑，他的随员已经限制他的烟量了，每天也就两三颗。"但是在会议休息室，张丽华却看到，邓小平、叶剑英、李先念等中央领导却避着随员偷偷相互递烟，"或许有助于思考吧。"和邓小平一样，与会其他领导和代表都在为中国发展之计而努力着。夜深人静，寒风料峭，京西宾馆几层楼的房间仍灯火通明。那是与会领导正在挑灯夜读，认真学习领会会议精神。

代表们发言踊跃讨论激烈

在为十一届三中全会做好充分准备的中央工作会议上，叶剑英提出"摆开了讲，免得背后讲"，并对邓小平进行了鼎力支持。他更是提出"勤奋学习，解放思想"——"有的同志还是前怕狼后怕虎，墨守成规，因循守旧，就是思想不解放，不敢往前迈出一步。怕什么？……如果讲怕，不怕中国贫穷落后，不怕中国人民不答应这样的现状？"

的确，第一次思想大解放是以1978年前后的真理标准大讨论及十一届三中全会为标志的。那时的会场，每个代表都在聚精会神地听啊，记啊。在小组讨论会上，代表们更是畅所欲言。在会议休息期间，与会代表三三两两走出宾馆，结伴在院子里散步。有的边走边讨论，有的边说边用手比画着，有的一支接一支地抽烟，显然还在思考着……"每个人的脸上都是精神焕发，面容里透着兴奋"。

"改变中国"之会——新中国改革开放的"立春"

后来发表的三中全会公报说：会议决定把全党工作的重点和全国人民的注意

力转移到社会主义现代化建设上来。全会充分肯定了必须完整地、准确地掌握毛泽东思想的科学体系，高度评价了实践是检验真理的唯一标准问题的讨论，确定了解放思想、开动脑筋、实事求是、团结一致向前看的指导方针。

12月22日，十一届三中全会闭幕。这一天是冬至，却是新中国改革开放的"立春"。从这一天开始，中国走出了1957年下半年以来长达21年的"左"的阴影；从这一天开始，中国走上了"十一届三中全会以后"的腾飞之路。

十一届三中全会坚决批判了"两个凡是"的错误方针，确定了解放思想、开动脑筋、实事求是、团结一致向前看的指导方针，果断停止使用"以阶级斗争为纲"的口号，作出了把党和国家工作重心转移到经济建设上来、实行改革开放的历史性决策。在完成了这次华丽转身后，改革开放大幕开启，中国进入社会主义事业发展的新时期。

中国共产党勇敢地自我改变，适时地正确抉择，改变了一个民族的历史命运，决定了一个国家的前途未来。30余年过去，这次抉择创造的精神和物质财富，源源不绝，泽被后世。

（资料来源：《人民视点》，2013年第113期）

 **实践课堂**

项目一　我热爱真理

· 实践类型

主题演讲

· 实践目标

通过收集资料和主题演讲，加深学生对"关于真理标准问题的大讨论"这一重要历史事件的了解，认识到"实践是检验真理的唯一标准"这一论断的重要意义，激发学生热爱真理、坚持真理的价值观追求，帮助学生在实践中更好地寻求真理，提升自身的综合素质。

· 注意事项

演讲稿要简洁精练，逻辑清晰，观点明确，富有感染力。演讲前，可在课下多练习几遍，熟悉演讲稿、把握演讲进度，提升演讲时的信心；演讲时，注意情绪和语气的掌控，吐字清晰，精神保持放松；演讲内容要以真实历史事件为依据，不可自己编造故事，可举一个或多个例子，但要注意时间不宜过长。

• 活动流程

1.任课教师提前布置任务，给大家充足的准备时间；选定1名主持人，负责活动的策划、组织和实施。

2.每5人分为1组，各小组成员分工合作：收集资料、撰写演讲稿、练习演讲、准备评语。

3.演讲开始，各小组各派出1名代表依次进行演讲，每人3～5分钟。

4.1名学生演讲完之后，该小组成员对该同学的表现进行评价，每人1～2分钟。

5.全部演讲完毕，学生以小组为单位自由讨论，评选表现出色的小组。

6.各小组组长进行总结，选出表现出色的小组。

7.活动结束，各小组提交活动总结。

8.任课教师作最终评价及总结。（100分）

（1）资料收集丰富，准备工作充分。（20分）

（2）演讲稿内容逻辑清晰，贴合主题，依据真实。（20分）

（3）演讲情绪、语气到位，进度把握适当，感染力强。（30分）

（4）小组总结客观、到位、深刻，有自己的看法和见解。（30分）

• 实践成果

各小组提交的演讲稿及活动总结

• 参考资料

活动评价表

序号	评价项目	得分	教师评语
1	资料收集、准备情况		
2	讲稿内容		
3	演讲表现		
4	总结内容		
小组：_____ 总分：_____			

演讲稿的写作技巧

1. 了解对象，有的放矢

演讲稿是讲给人听的，因此，写演讲稿首先要了解听众对象：了解他们的思想状况、文化程度、职业状况如何；了解他们所关心和迫切需要解决的问题是什么，等等。否则，不看对象，撰写演讲稿再花功夫，说得再天花乱坠，听众也会感到索然无味，无动于衷，也就达不到宣传、鼓动、教育和欣赏的目的。

2. 观点鲜明，感情真挚

演讲稿观点鲜明，显示着演讲者对一种理性认识的肯定，显示着演讲者对客观事物见解的透辟程度，能给人以可信性和可靠感。演讲稿观点不鲜明，就缺乏说服力，就失去了演讲的作用。演讲稿还要有真挚的感情，才能打动人、感染人，有鼓动性。因此，在表达上要注意感情色彩，把说理和抒情结合起来。既有冷静的分析，又有热情的鼓动；既有所怒，又有所喜；既有所憎，又有所爱。当然这种深厚动人的感情不应是"挤"出来的，而要发自肺腑，就像泉水喷涌而出。

3. 行文变化，富有波澜

构成演讲稿波澜的要素很多，有内容，有安排，也有听众的心理特征和认识事物的规律。如果能掌握听众的心理特征和认识事物的规律，恰当地选择材料、安排材料，也能使演讲在听众心里激起波澜。换句话说，演讲稿要写得有波澜，主要不是靠声调的高低，而是靠内容的有起有伏，有张有弛，有强调，有反复，有比较，有照应。

4. 语言流畅，深刻风趣

要把演讲者在头脑里构思的一切都写出来或说出来，让人们看得见、听得到，就必须借助语言这个交流思想的工具。因此，语言运用得好还是差，对写作演讲稿影响极大。要提高演讲稿的质量，不能不在语言的运用上下一番功夫。写作演讲稿在语言运用上应注意以下5个问题：

（1）要口语化。"上口""入耳"是对演讲语言的基本要求，也就是说演讲的语言要口语化。演讲，说出来的是一连串声音，听众听到的也是一连串声音。听众能否听懂，要看演讲者能否说得好，更要看演讲稿是否写得好。如果演讲稿不"上口"，那么演讲的内容再好，也不能使听众"入耳"、完全听懂。如在一次公安部门的演讲会上，一个公安战士讲到他在执行公务中被歹徒打瞎了一只眼睛，歹徒弹冠相庆说这下子他成了"独眼龙"，可是这位战士伤愈之后又重返第一线工作了。讲到这里，他拍了一下讲台，大声说："我'独眼龙'又回来了！"会场里的听众立即报以热烈的掌声。演讲稿的"口语"，不是日常的口头语言的复制，而是经过加工提炼的口头语言，要逻辑严密、语句通顺。由于演讲稿的语言是作者写出来的，受书面语言的束缚较大，因此，就要冲破这种束缚，使演讲稿的语言口语化。为了做到这一点，写作演讲稿时，应把长句改成短句，把倒装句变成正装句，把单音词换成双音词，把听不明白的文言词语、成语改换或删去。演讲稿写完后，要念一念、听一听，看看是不是"上口""入耳"，如果不那么"上口""入耳"，就需要进一步修改。

（2）要通俗易懂。演讲要让听众听懂。如果使用的语言讲出来谁也听不懂，那么这篇演讲稿就失去了听众，因而也就失去了演讲的作用、意义和价值。为此，演讲稿的语言要力求做到通俗易懂。列宁说过："应当善于用简单明了、群众易懂的语言讲话，应当坚决抛弃晦涩难懂的术语和外来的字眼，抛弃记得烂熟的、现成的但是群众还不懂的、还不熟悉的口号、决定和结论。"（《社会民主党和选举协议》）鲁迅也说过："为了大众力求易懂。"（《且介亭杂文·论旧形式的采用》）

（3）要生动感人。好的演讲稿，语言一定要生动。如果只是思想内容好，而语言干巴巴，那就算不上一篇好的演讲稿。广为流传的恩格斯、列宁、斯大林的演讲，毛泽东的演讲，鲁迅的演讲，闻一多的演讲，都是既有丰富深刻的思想内容，又有生动感人的语言。语言大师老舍说得好："我们的最好的思想，最深厚的感情，只能被最美妙的语言表达出来。若是表达不出，谁能知道那思想与感情怎样好呢？"（《人物、语言及其他》）由此可见，要写好演讲稿，只有语言的明白、通俗还不够，还要力求语言生动感人。怎样使语言生动感人呢？一是用形象化的语言，运用比喻、比拟、夸张等手法增强语言的形象色彩，把抽象化为具体，深奥讲得浅显，枯燥变成有趣。二是运用幽默、风趣的语言，增强演讲稿的表现力。这样，既能深化主题，又能使演讲的气氛轻松和谐；既可调整演讲的节奏，又可使听众消除疲劳。三是发挥语言音乐性的特点，注意声调的和谐和节奏的变化。

（4）要准确朴素。准确，是指演讲稿使用的语言能够确切地表现讲述的对象——事物和道理，揭示它们的本质及其相互关系。作者要做到这一点，首先，要对表达的对象熟悉了解，认识必须对头；其次，要做到概念明确，判断恰当，用词贴切，句子组织结构合理。朴素，是指用普通的语言，明晰、通畅地表达演讲的思想内容，而不刻意在形式上追求辞藻的华丽。如果过分地追求文辞的华美，就会弄巧成拙，失去朴素美的感染力。

（5）要控制篇幅。演讲稿不宜过长，要适当控制时间。德国著名的演讲学家海茵兹·雷德曼在《演讲内容的要素》一文中指出："在一次演讲中不要期望得到太多。宁可只有一个给人印象深刻的思想，也不要五十个让人前听后忘的思想。宁可牢牢地敲进一根钉子，也不要松松地按上几十个一拨即出的图钉。"所以，演讲稿不在乎长，而在乎精。

5.认真修改，精益求精

从事任何文体的写作都要重视修改，认真修改，精心修改，写作演讲稿自然不能例外。例如，林肯在接到要他作演讲的任务之后，在指挥战争、通权国是的情况下，亲自起草演讲稿，并把演讲稿念给白宫的佣人听。直到演讲的前一天晚上，他还在旅馆的小房间里再次推敲、修改这篇演讲稿。再如，1883年3月14日，马克思与世长辞，恩格斯作了《在马克思墓前的讲话》的著名演讲。演讲草稿是这样开头的："就在十五个月以前，我们中间大部分人曾聚集在这座坟墓周围，当时，这里将是一位高贵的崇高的妇女最后安息的地方。今天，我们又要掘开这座坟墓，把她的丈夫的遗体放在里边。"恩格斯考虑后进行了修改，写成："三月十四日下午两点三刻，当代最伟大的思想家停止了思想。让他一个人留在房里总共不过两分钟，等我们再进去的时候，便发现他在安乐椅上安静地睡着了——但已经是永远地睡着了。"两者比较，后者入题较快，演讲一开始就抒发了对逝者的无限敬爱和万分惋惜的心情，使现场的人们也沉浸在对马克思的缅怀与崇敬之中。正是这种认真的态度和精心的修改，才为恩格斯每次演讲的成功提供了有力的保证。

（资料来源：稻壳网，2019年6月17日）

项目二　中国特色社会主义的开创与发展

· 实践类型

模拟时事报道

· 实践目标

通过模拟时事报道活动，加深对中国特色社会主义理论的理解，增强学生的爱国主义情感，坚定学生走中国特色社会主义道路的信念。

· 注意事项

做好充足的准备工作，通过查阅资料、阅读书籍等了解中国特色社会主义进程；报道内容要做到标题醒目，时间、地点明确，内容具体，过程清楚，文字简洁，立场中立，态度客观。

· 活动流程

1.任课教师提前1～2周布置任务，说明注意事项，明确活动主题。

2.将学生分为若干小组，每组10人，各小组选取1名组长负责活动的统筹安排，各小组商议确定报道主题。

3. 任课教师选定 1 名主持人，作为活动的总策划人。

4. 各小组成员分工合作，收集资料、制作 PPT、撰写报道，选 1～2 名成员模拟演练，以"新闻发布"的形式进行报道，组长协调整个工作。

5. 主持人宣布活动开始，各小组报道人员依次进行模拟报道。

6. 每组报道结束，任课教师组织全体学生进行讨论，讨论时长 3 分钟；然后下一组继续进行模拟报道。

7. 活动结束，任课教师进行活动评价总结。

8. 各小组以小组为单位提交课件及撰写的报道。

· 实践成果

各小组提交的 PPT 及报道

· 参考资料

活动评价表

序号	评价项目及标准	满分	得分	教师评语
1	小组合作及分工情况： 分工明确，合作度高，准备工作完成良好	20		
2	PPT 制作情况： 内容丰富，史料真实，版式精美	20		
3	报道撰写情况： 标题醒目，时间、地点明确，内容具体，过程清楚，文字简洁，立场中立，态度客观	20		
4	课堂表现情况： 举止得体，吐字清晰，条理清楚，情绪饱满	40		
	小组：_____ 总分：_____			

东方风来满眼春——邓小平同志在深圳纪实（节选）

南国春早。

1月的鹏城，花木葱茏，春意荡漾。

跨进新年，深圳正以勃勃英姿，在改革开放的道路上阔步前进。

就在这个时候，我国改革开放的总设计师、各族人民敬爱的邓小平同志到深圳来了！

在我国社会主义现代化建设的关键时期，小平同志的到来，是对深圳特区最大的关怀和支持，是对深圳人民最大的鼓舞和鞭策。

（一）

1月19日上午8时许，在深圳火车站月台上，几位省、市负责人和其他迎候的人们，在来回踱步，互相交谈，他们正以兴奋而激动的心情等待着……

来了！远处传来马达的轰鸣声。接着一列长长的火车徐徐进站。时钟正指向9时整，列车停在月台旁边。一节车厢门打开，车站服务人员敏捷地把一块铺着红色地毯的长条木板放在车厢门口。

不一会儿，邓小平同志出现了！人们的目光和闪光灯束都一齐投向这位引领一代风骚的伟人身上。

他，身体十分健康，炯炯的眼神，慈祥的笑脸，身着深灰色的夹克、黑色西裤，神采奕奕地步出车门。他的足迹，在时隔8年之后，又一次踏在处于改革开放前沿的深圳这块热土上。

下车后，邓小平同志满面笑容地同前来欢迎的广东省委书记谢非、深圳市委书记李灏、市长郑良玉一一握手。

握手时，谢非说："我们非常想念您。"

李灏说："我们全市人民欢迎您的光临。"

郑良玉说："深圳人民盼望您来，已经盼了8年了。"

简洁的话语，充分表达了全省、全市人民对小平同志的想念和崇敬之情。

邓小平同志同省市负责人登上一辆中巴，一直行驶到下榻的市迎宾馆桂园。在这里恭候的市委副书记厉有为、市委常委李海东迎上前来，同小平同志握手并向他问好。

千里迢迢，舟车劳顿，市负责人劝他老人家好好休息。

但是，小平同志却毫无倦意。他说："到了深圳，我坐不住啊，想到处去看看。"

众所周知，邓小平同志是创办经济特区的主要决策者。早在1979年4月，他在听取当时中共广东省委主要负责人的汇报后说：可以划出一块地方叫作特区。陕甘宁就是特区嘛。中央没有钱，要你们自己搞，杀出一条"血路"。次年8月，全国人大常委会正式通过并颁布《广东省经济特区条例》，中国经济特区就这样诞生了。深圳特区是邓小平同志亲自开辟的最早的改革开放的试验地之一。它的发展情况，小平同志当然十分关注。1984年1月，小平同志曾到深圳视察过。一晃，8年过去了。深圳的面貌又发生什么样的变化？老人家急不可待要亲自目睹一番。

随行人员说，小平同志身体好，昨晚在车上休息得不错，既然他兴致高，就安排活动吧。

在桂园休息约10分钟，小平同志和谢非等同志在迎宾馆内散步。

散步时，邓楠向小平同志提起他在1984年1月26日为深圳特区题词一事。邓小平同志接着将题词一字一句念出来："深圳的发展和经验证明，我们建立经济特区的政策是正确的。"一个字没有漏，一个字没有错。在场的人都很佩服他那惊人的记忆力。

1984年，特区建设遇到不少困难和阻力，有些人对办特区持怀疑观望态度。是年1月24日，当时任中共中央政治局常委、中顾委主任的邓小平同志，同王震、杨尚昆同志在中顾委委员刘田夫和广东省省长梁灵光的陪同下，到深圳视察，给深圳特区题了词，肯定了深圳特区的建设成就，肯定了办特区的方针是正确的，给了特区建设以决定性的支持，坚定了人们办特区的决心和信心，使特区的建设事业继续推向前进。

散步后，小平同志在省市负责人陪同下，乘车观光深圳市容。

车子缓缓地在市区穿行。这里，8年前有些还是一汪水田、鱼塘，羊肠的小路，低矮的房舍。现在，宽阔的马路纵横交错，成片的高楼耸入云端，到处充满了现代化的气息。小平同志看到这繁荣兴旺、生机勃勃的景象，十分高兴。正如他后来说的："8年过去了，这次来看，深圳、珠海特区和其他一些地方，发展得这么快，我没有想到。看了以后，信心增加了。"

小平同志边观光市容，边同省市负责人亲切交谈。

当谈到办经济特区的问题时，小平同志说，对办特区，从一开始就有不同意见，担心是不是搞资本主义。深圳的建设成就，明确回答了那些有这样那样担心的人。特区姓"社"不姓"资"。从深圳的情况看，公有制是主体，外商投资只占1/4，就是外资部分，我们还可以从税收、劳务等方面得到益处嘛！多搞点"三资"企业，不要怕。只要我们头脑清醒，就不怕。我们有优势，有国营大中型企业，有乡镇企业，更重要的是政权在我们手里。有的人认为，多一分外资，就多一分资本主义，"三资"企业多了，就是资本主义的东西多了，就是发展了资本主义。这些人连基本常识都没有。

车子行至火车站前，邓林指着火车站大楼那苍劲有力的"深圳"两个大字对小平同志说："您看，这是您的题字，人们都说写得好。"

邓楠打趣说："这是您的专利，也属知识产权问题。"说得小平同志笑了起来。

当谈到经济发展问题时，小平同志说，亚洲"四小龙"发展很快，你们发展也很快。广东要力争用20年的时间赶上亚洲"四小龙"。停了一会儿，他补充说，不仅经济要上去，社会秩序、社会风气也要搞好，两个文明建设都要超过他们，这才是有中国特色的社会主义。新加坡的社会秩序算是好的，他们管得严，我们应该借鉴他们的经验，而且比他们管得更好。

车子不知不觉到了皇岗口岸。皇岗边防检查站、海关、动植物检疫所的负责同志，热情地欢迎小平同志的到来。

小平同志站在深圳河大桥桥头，深情地眺望对岸的香港，然后察看皇岗口岸的情况。

皇岗边检站站长熊长根向小平同志介绍说，皇岗口岸是1987年年初筹建，1989年12月29日开通的。占地1平方公里，有180条通道，最高流量可达5万辆次和5万人次，是亚洲最大的陆路口岸。最近每天约通过7000辆车次和2000人次。小平同志听了很高兴，不断点头，露出满意的笑容。

（二）

国贸中心大厦，高高耸立，直插云霄。这是深圳人民的骄傲。深圳的建设者曾在这里创下了"三天一层楼"的纪录，成了"深圳速度"的象征。到深圳来的中外人士，总要登上楼顶的旋转餐厅，远眺深圳城市的景色。

1月20日上午9时35分，小平同志在省、市负责人陪同下，来到国贸大厦参观，该大厦的女职工，整齐地站在两旁，鼓掌欢迎小平同志，并齐喊："邓爷爷好！"小平同志高兴地向她们招手，并鼓掌致意。

在53层的旋转餐厅，小平同志俯瞰深圳市容。他看到高楼林立，鳞次栉比，一派欣欣向荣的景象，很是高兴。

坐下来后，他先看一张深圳经济特区总体规划图。接着，李灏向小平同志汇报深圳的改革开放和经济建设的情况。李灏说，深圳的经济建设发展很快，人民生活水平有了很大提高，1984年，人均收入为600元，现在是2000元。改革开放也有了很大的进展。他还说，这些年来，我们的精神文明建设和物质文明建设是同步发展的。深圳人对建设有中国特色的社会主义坚定不移，并且充满信心……

听了汇报后，小平同志和省市负责人作了较长时间的谈话。

小平同志充分肯定了深圳在改革开放和建设中所取得的成绩。然后，他说，要坚持党的十一届三中全会以来的路线方针政策，关键是坚持"一个中心、两个基本点"。不坚持社会主义，不改革开放，不发展经济，不改善人民生活，只能是死路一条。基本路线要管一百年，动摇不得。

小平同志又说，要坚持两手抓，一手抓改革开放，一手抓打击各种犯罪活动。这两只手都要硬。打击各种犯罪活动，扫除各种丑恶现象，手软不得。

小平同志思路清晰，记忆力强。他谈笑风生，有时一两句幽默的话语，引得大家发出阵阵笑声。在场的省、市负责同志聚精会神地聆听他老人家的谈话，不时还插上三两句。谈话气氛轻松活跃。

小平同志侃侃而谈。他还谈到中国要保持稳定；干部和党员要把廉政建设作为大事来抓；要注意培养下一代接班人等重大问题。

在谈话中，小平同志强调要多干实事，少说空话。他说，会太多，文章太长，不行。谈到这里，老人家指着窗外的一片高楼大厦说，深圳发展这么快，是靠实干干出来的，不是靠讲话讲出来的，不是靠写文章写出来的。

小平同志精神健旺，谈兴甚浓。在国贸大厦旋转餐厅，老人家谈了30多分钟，使在场的人深受教育和鼓舞。

当小平同志离开旋转餐厅下到一楼大厅时，大厅的音乐喷泉，随着优美的乐曲，喷出图案多变的水柱和水花，蔚为壮观。一楼到三楼，站满了群众，黑压压的一片。人山人海，秩序井然。人人心花怒放，个个喜笑颜开。这是多么令人难忘的时刻！人们为有幸能一睹小平同志的风采而激动万分，也为小平同志的身体健康、精神饱满而无比高兴。

群众在尽情地鼓掌，阵阵雷鸣般的掌声响彻国贸大厦。这掌声，表达了群众对倡导改革开放政策的小平同志的爱戴和崇敬；反映了群众对身受其惠的改革开放政策的坚信和拥护。

小平同志非常高兴，满面笑容地频频向群众招手致意。整个场面十分热烈，呈现出老一辈无产阶级革命家同人民群众融洽无间的动人情景。

（资料来源：《深圳特区报》，1992年3月26日）

项目三　镜头里的新鲜事

·实践类型

摄影竞赛

·实践目标

通过镜头寻找能真实反映改革开放最新成果的具象，使学生进一步了解改革开放以来我国经济、政治、社会、文化等各个领域的飞速发展和取得的辉煌成就，更加坚信走中国特色社会主义道路的正确性和必要性。

• 注意事项

拍摄地点尽量选在学校周边地区，不要太远；各小组组长要负责好本小组的人员组织和安全工作；拍摄对象要尽可能覆盖各个领域，以便获得尽可能全面的资料；制作PPT时，尽量选取清晰的、具有代表性的、贴合主题的图片。

• 活动流程

1. 任课教师宣布活动任务，明确本次实践活动的注意事项及所要达到的预期效果；提前向院系或校领导申请，获得外出批准。

2. 将学生分为若干小组并指定组长。小组组长负责组织本小组的人员组织、安全及实践活动等工作。

3. 任课教师带领同学们前往拍摄地点，各小组组长带领组员根据主题，积极搜寻素材并进行拍摄。

4. 挑选照片，制作PPT。以小组为单位，每组挑选出10～15张照片，并对照片进行优化处理，制作成PPT进行展示；每张照片应附有名称、主题及说明，并标明拍摄时间。

5. 展示评选。各小组在课堂上展示PPT作品，评选出优秀作品。

6. 任课教师对表现优秀的小组的实践活动和实践成果进行点评，对实践活动中集中存在的问题进行分析和纠正。

7. 任课教师对本次实践活动进行活动总结。

• 实践成果

各小组制作的PPT作品

• 参考资料

40年，改革开放与我们的生活

40年，在历史长河中不过沧海一粟；40年，也足够创造一个时代。1978年，中国开启改革开放的历史征程。自此之后，中国人民以智慧和雄心劈波斩浪，创造人类社会发展史上的传奇。一年又一年，历史的车轮不断前进。作为一名80后，当坐下来写这篇文章的时候，才真正体会到改革开放给我们生活带来的点点滴滴，是鲜活的，是生动的。我的家人和我的家庭都经历了40年时间浪潮的洗礼。随着改革的浪潮和中国发展的步伐，我们在经济、教育、民生、交通等方方面面都体会到了天翻地覆的变化，也在不懈的奋斗中，脚踏实地，依靠自己的双手收获了幸福。

从"填饱肚子"到"吃出健康"

民以食为天。古往今来，食物往往是反映生活品质的一大特征。改革开放40年中，感受最深的莫过于家里餐桌的变化。听父母讲，以前老百姓只能凭粮票、油票、肉票等才能购买食品。由于食品物资的匮乏，每逢年关或节假日前夕，供应点就会簇拥着大量凭票购物的人们，购物长队成为那个年代的一大街景。随着改革开放，物资开始慢慢丰富起来，商品市场逐渐活跃，蔬菜、瓜果、蛋、禽、肉类摆上了货架。20世纪80年代后期，全国实施了"菜篮子"工程之后，彻底解决了副食供应紧张的局面。20世纪90年代开始，市区餐馆开始像雨后春笋般出现，大街小巷各种档次和风味的餐馆随处可见。以前家里要来客人，母亲还要提前买菜，上锅炖挺长时间。如今只要到超市熟食柜台就能挑选出现成的荤、素菜肴，拿回家上锅一热或一炒就能轻松上桌。生活越来越好，进餐馆尝鲜已不再是遥不可及的事情，谁家有喜庆事都愿意在饭店摆一桌。到了现在，面对风靡一时的洋快餐，我们由趋之若鹜到渐渐褪去新鲜感，更加看重健康营养，饮食习惯由原来的饱餐型向营养型、新鲜型、简便型转变。进食口味的变化，其实深层是饮食文化、管理模式、用餐观念等的改变。我们餐桌的改变也是来源于政府对食品安全监管的重视和不断强化。因为有了这份底气，我们从吃多吃好到吃少吃精吃健康。一叶可知秋，对一日三餐得以取舍的自由便是对40年来发展成果的最好印证。今时今刻，我们回首，眼见那40年变幻中蓬勃不变的是我们对于美好生活的笃定追求。

从"物资匮乏"到"美好生活"

1983年是我出生的年份。我记事的时候，听妈妈说那时候家里的条件很艰苦。冬天为了节省柴火，天一黑就不再烧火了。早上起床，洗脸的毛巾都被冻得很直很硬。刺骨的凉水让人实在不寒而栗。模糊的记忆中，除了小孩子开心地玩乐，还记得每天跟姐姐搬着小板凳迫不及待地打开家里的黑白电视机观看动画片。那时候的电视节目单一，但是因为我家算是村里最先有电视的一批，让全村人都刮目相看。可见改革开放初期家电和娱乐生活的匮乏。再看现在的中国和现在的我们，除了电视，从手机、电脑、iPad、指纹识别到面部识别，从2G、3G到如今的4G、未来的5G，信息时代的快速发展，正在颠覆我们的想象，彻底地改变了我们的生活方式。40年前，一封书信传递感情，父母说谁能想到如今只需携带一部手机就能走遍天下。今年，我给年近80的爷爷奶奶购买了智能手机，谁能想到老人还能在小小屏幕上看我国外交新闻，感叹中国的发展？无法达到温饱的日子成了过去时，吃得营养、穿得舒服是现在时；简陋狭窄的土房成了过去时，物管成熟的小区住宅是现在时。生活水平的提高，让我们有了更多的时间、精力用于工作、学习和生活。所以说，改革开放的伟大抉择送来了幸福的春风，这是对中国发展最好的肯定，是对中国梦最准确的诠释，也是对未来中国发展方向的精准定位。

从"蜗居"到"广厦"

改革开放初期，我国的住房制度是福利分房，绝大多数城镇居民的房屋是租赁单位或者房屋管理部门的，只有少数居民拥有属于自己的房屋。"住房靠国家，分房按等级"，房子面积分配的大小要根据级别和家里人口的数量。一般是一家三四口人，甚至老少三代一起吃、住、生活。人口多、住宅面积小是当时最常见的普通居民生活状况。1978年，全国城镇居民人均居住面积仅3.6平方米，缺房户达869万，占城市总户数的近一半。

1980年4月，邓小平指出，住房改革要走商品化的路子，由此开启了住房制度改革的大幕。此后，我国房改大致经历了试点售房、提租补贴和以售带租等改革阶段，以及全面推进住房市场化改革的确立阶段（1994—1997年）。而房改具有里程碑意义的文件则是1998年7月国务院发布的《关于进一步深化住房制度改革加快住房建设的通知》，该文件宣布全国城镇从1998年下半年开始停止住房实物分配，全面实行住房分配货币化，同时建立和完善以经济适用住房为主的多层次城镇住房供应体系。

党的十八大以来，城镇居民人均住房建筑面积由2012年的32.9平方米提高到2016年的36.6平方米，6000多万棚户区居民"出棚进楼"。

从20世纪60年代的平房，70年代的筒子楼，80年代的单元楼，90年代的二室一厅、三室一厅到新世纪的小高层、复式住宅、跃层、别墅，从"居者忧其屋"到"居者有其屋"再到"居者优其屋"的变化，深刻地体现了时代的进步。

一个时代有一个时代的印记，随着改革开放的进行，远去的东西演绎和记录下那个时代人们生活的酸甜苦辣，也珍藏着那个年代的特殊记忆。票证时代过去了，吃不饱的时代也过去了，但是对于美好的追求和奋斗的执着却不会消失。因为惊人成绩背后，是敢想、敢拼、敢于创造历史的中国人民。40年，中国人的生活水平一直在提高。从衣食住行到精神文化，中国人的日子正在随着国家发展的脉动越变越好。40年前，幸福是桌上的一碗红烧肉；40年后，幸福是生活在这个有高铁、网购、支付宝、共享单车的便捷而高效的社会。个人的命运与国家发展紧密相连，得益于改革开放，百姓的日子越过越红火。未来，中国依然有很大的上升空间。改革开放40年，复兴路上再出发。我想我们每个人也会用自己的双手书写史诗，始终一往无前！

（资料来源：民建中央网站，2018年10月31日，收入本书时有改动）

第十一章 中国特色社会主义进入新时代

 历史回顾

十九大开幕侧记：中国发展进入新时代

2017年10月18日一早，人民大会堂东门，来自四面八方的中共十九大代表，在微微细雨中拾级而上。

这2300多名代表和特邀代表，有白发苍苍的老党员代表，有朝气蓬勃的"90后"代表，有生产一线的劳动模范代表……

未来7天，他们将代表全党8900多万名党员、450多万个基层党组织，出席党的十九大会议，讨论和决定一系列事关党和国家未来发展的重大问题。

上午9时整，人民大会堂万人大礼堂，庄严的国歌声中，中国共产党第十九次全国代表大会开幕。主席台上方，悬挂着会标"中国共产党第十九次全国代表大会"，后幕正中是镰刀和锤头组成的金色党徽，10面鲜艳的红旗分列两侧。

9时5分许，习近平总书记在掌声中走向主席台正中的讲台，代表第十八届中央委员会向大会作题为《决胜全面建成小康社会 夺取新时代中国特色社会主义伟大胜利》的报告。

"大会的主题是：不忘初心，牢记使命，高举中国特色社会主义伟大旗帜，决胜全面建成小康社会，夺取新时代中国特色社会主义伟大胜利，为实现中华民族伟大复兴的中国梦不懈奋斗。"习近平总书记开篇明义。

随后，他用近3个半小时，分过去5年的工作和历史性变革、新时代中国共产党的历史使命、新时代中国特色社会主义思想和基本方略等13个部分，总结过去，瞻望未来，指引中国发展"新时代"。

报告明确指出，"中国特色社会主义进入了新时代"。"新时代"成为贯穿报告的关键词，其直接或相关表述在报告中出现30余次。习近平总书记指出，中国共产党形成了"新时代中国特色社会主义思想"，并将其称为"全党全国人民为实

现中华民族伟大复兴而奋斗的行动指南"。

习近平总书记作报告过程中，现场不时响起阵阵掌声。

如，当习近平总书记说"坚持房子是用来住的、不是用来炒的定位"，全场随即响起一片掌声。他紧接着讲道："加快建立多主体供给、多渠道保障、租购并举的住房制度，让全体人民住有所居。"现场再次响起掌声。

再如，习近平总书记一字一句指出，"我们坚决维护国家主权和领土完整，绝不容忍国家分裂的历史悲剧重演。一切分裂祖国的活动都必将遭到全体中国人坚决反对。我们有坚定的意志、充分的信心、足够的能力挫败任何形式的'台独'分裂图谋。我们绝不允许任何人、任何组织、任何政党、在任何时候、以任何形式、把任何一块中国领土从中国分裂出去！"习近平总书记话音甫落，全场掌声如潮。4句话语气郑重，先后引来4次长时间掌声。

这是中国梦实现的"新时代"。从现在到2020年，是全面建成小康社会决胜期；从十九大到二十大，是"两个一百年"奋斗目标的历史交汇期。

人民大会堂东面，记录中华民族百年沧桑的国家博物馆遥遥相对。2012年11月29日，当选中共中央总书记的第15天，习近平总书记来此参观《复兴之路》基本陈列，首次向世人阐释"中国梦"："实现中华民族伟大复兴，就是中华民族近代以来最伟大的梦想。"

如今，面对五年"赶考"交出的靓丽"答卷"，习近平总书记在报告中仍不忘警醒全党，"行百里者半九十。中华民族伟大复兴，绝不是轻轻松松、敲锣打鼓就能实现的。全党必须准备付出更为艰巨、更为艰苦的努力"。

这是中国发展的"新时代"。习近平总书记提出，第一个阶段，从二〇二〇年到二〇三五年，在全面建成小康社会的基础上，再奋斗十五年，基本实现社会主义现代化。第二个阶段，从二〇三五年到本世纪中叶，在基本实现现代化的基础上，再奋斗十五年，把中国建成富强民主文明和谐美丽的社会主义现代化强国。

"大道之行，天下为公。"在报告最后部分，习近平总书记引述《礼记》中的名句说："站立在九百六十多万平方公里的广袤土地上，吸吮着五千多年中华民族漫长奋斗积累的文化养分，拥有十三亿多中国人民聚合的磅礴之力，我们走中国特色社会主义道路，具有无比广阔的时代舞台，具有无比深厚的历史底蕴，具有无比强大的前进定力。"

近3个半小时中，这份3万余言的报告，赢得全场71次掌声。

（资料来源：中国新闻网，2017年10月18日）

项目一　我心目中的小康社会

• 实践类型

主题讨论

• 实践目标

我们正开启"四个全面"时代——全面建成小康社会、全面深化改革、全面依法治国、全面从严治党，这是当前和今后一个时期，党和国家各项工作的战略方向、重点领域、主攻目标。作为"四个全面"中的第一个，全面建成小康社会被定位为"实现中华民族伟大复兴中国梦的关键一步"。小康，这个中国人千百年来的梦想，今天的中国正一步步实现。什么样的生活才算实现了全面小康呢？每个人的生活环境不同，对小康的定义恐怕也不一样。通过此次讨论，我们可以探清大家心目中的小康社会。

• 注意事项

观点要有根有据，切合生活实际，不可随意编造不现实的想法；可以小组代表形式发表观点，也可以个人名义发表观点；活动过程中，要遵守活动秩序，不要嘲笑、讥讽发言同学，也不要大声喧哗。

• 活动流程

1. 任课教师提前布置活动任务，讲明注意事项，让学生提前在课下收集资料，做好充分准备。

2. 将学生分为若干小组，每组8人，每个小组设组长1名，负责本小组的分工及协调工作。

3. 各小组成员明确讨论主题，课下通过书籍、网络等渠道收集小康社会相关资料，整理要发言的内容。

4. 各小组成员将各自整理的资料汇总讨论，确定一种统一的观点（如果有两个及以上大家认为较好的观点，可以在交流时都讲出来）。

5. 任课教师选1名学生作为主持人，负责提出任课教师布置的任务话题，安排发言顺序，维持活动秩序；选记录员1名，记录每位发言学生的发言情况及得分。

6. 各小组各选1名（或几名）代表阐述观点，并对每个人的发言进行评议，记录员做好记录。

    7.小组代表发言完毕，本小组组长进行总结。

    8.全班集中，各组间进行交流。

    9.任课教师点评；并根据学生的发言稿和其他同学的评议打分。

• 实践成果

    发言稿及评议记录

• 参考资料

活动评分表

项目	标准	满分	得分	教师评语
分工	分工明确，配合度高	30		
发言稿	观点明确，证据充分，条理清晰	40		
评议记录	客观准确，有说服力，有启发性	30		
小组：_____　　　总分：_____				

记录员记录表

序号	姓名	所在小组	主要观点	得分
1				
2				
3				
4				
5				
6				
7				
8				

项目二 我和"一带一路"

实践类型

模拟谈判

实践目标

随着"一带一路"国际合作日益深入，它的作用也越来越凸显，并得到国际社会的一致好评，世界各地几乎每天都在进行着"一带一路"相关领域的合作谈判。通过这次模拟"一带一路"谈判实践活动，有助于学生在收集资料、模拟谈判的过程中，更加深入地了解"一带一路"倡议的作用和意义，感受当今中国在世界舞台上的重要地位，从而激发学生强烈的爱国情感和为新时代实现中华民族伟大复兴努力奋斗的使命感。

注意事项

谈判前的准备工作非常重要，因此，各小组要做好充足的准备，不仅是自身方面的准备，还要了解对方的情况，越详细越好；在谈判过程中不要取笑对方，不要随意打断对方；如果出现僵持不下的情况，不要争吵，可提议暂停，稍作休息，待双方团队商讨出更合适的方案后继续进行谈判。

活动流程

1. 任课教师提前向学生宣布实践任务，给学生留够时间做准备工作，讲明注意事项。

2. 将学生分为若干小组，每10人为1组，任课教师指定小组作为谈判双方的甲方和乙方，并单独向谈判双方讲明谈判的目标、可退让程度等情况，选定1名学生作为主持人，负责谈判活动的主持工作。

3. 选组长1名，担当谈判时的主要发言人，并负责整个小组的分工及组织工作；其他组员作为智囊团，各司其职，为谈判发言人提供技术、财务、法律等方面的建议。

4. 谈判开始，谈判双方入场、落座，主持人先对此次谈判的背景进行简单介绍，并重申谈判时的注意事项及相关礼节。

5. 双方组长相互介绍己方成员，并有策略地介绍己方的谈判条件。

6. 双方试探对方的谈判条件和目标，并对谈判内容进行初步交锋。不要轻易暴露己方底线，但也不能隐瞒过多信息而延缓谈判进程，在开局结束的时候最好能获取对方的关键信息。

7.双方对谈判的关键问题进行深入谈判，伺机寻找对方的不合理方面及可要求对方让步的方面进行谈判。

8.寻找共识，获得己方的利益最大化。

9.解决谈判议题中的主要问题，就主要方面达成意向性共识。出现僵局时，双方可转移话题继续谈判，但不得退场或冷场超过1分钟。

10.双方对谈判条件进行最后交锋，达成最终交易，并根据内容起草书面协议，双方负责人签字。

11.双方进行符合商业礼节的道别，对双方表示感谢，主持人宣布谈判结束。

12.任课教师对活动进行点评总结。

• 实践成果

双方签订的书面协议书

• 参考资料

谈判技巧

谈判中的说服，就是综合运用听、问、答、叙等各种技巧，改变对方的初始想法，使之接受己方的意见。说服是谈判中最艰巨、最复杂，也是最富有技巧性的工作。

1. 说服三阶段

大体说来，说服一般经过3个阶段。

（1）冷水加温阶段。

假定某一陌生人试图说服你采取某种行动（签订合同、订购某种货物等），你的当场反应可能是："你是谁？居然想影响我？"这即是说，当一个人考虑是否接受说服者之前，他会先衡量说服者与他的熟悉程度和亲善程度。由此推知，如果想扮演说服者的角色，在企图说服他人之前，必须先与他人建立相互信赖的人际关系。

增进人际关系的最好方法是寻找共鸣点。要想说服对方，首先要找到与对方的共鸣点，消除对方的对抗情绪，用双方共同感兴趣的问题作为跳板，因势利导地解开对方思想的症结。如此，说服才能奏效。

（2）分析影响阶段。

在对方与己方建立了一定程度的人际关系之后，己方可以开始自己的说服过程。为使己方的说服显得特别恳切，谈判者可从利益、前景等方面入手，瓦解对方的心理防线。

一般来说，被劝说的人将因接纳己方的意见而获得若干利益，但也将蒙受某种损失或承担某种责任，己方必须针对这两方面作出分析。例如，"张先生，我了解要你放弃旧有的市场转而开辟新市场，并不是一件容易的事。我不想告诉你这是可以轻易办到的。事实上，如果你按我的意见做，你必须格外努力；而且在开辟新市场之初，你的收入可能较以前少，这些都是明显的缺点。但是时间长了，新市场的开辟对你会更加有利，因为旧有市场已经饱和，而新市场的潜力则无可限量。假如你转向新市场，我深信你获得的成功将会远远超过目前的一切。"一番语言，既申明了对方转换市场有利的一面，又毫不掩饰对方将遭受的损失。分析比较客观、实在，因而对方比较容易被说服。

为使对方接纳己方意见，己方必须讲明为何在众多的"候选者"中选择他作为说服对象。拿前例来说，可采取下面的说辞解答他内心的疑问："我之所以建议你开拓新市场，而不向其他人提出同样建议，主要是因为你过去的经销记录一直保持巅峰状态，这表明你充分具备克服种种拓展市场难题的能力。"

在若干情况下，己方可能完全基于"利他"的动机而试图说服他人接纳自己的意见。但在多数情况下，为了赢得对方信任，谈判者往往需要根据情况，坦率地向对方讲出自己的一部分或全部的"利己"动机。再以上例来说，可按下列方式告诉被劝说者，以令他了解己方利己动机："坦率地说，你若接纳我的建议，我也可能因而受益。我曾经费尽心机向老板建议开拓新市场，他终于勉强表示同意，但他要求只能让能力高超的人负责这项工作。因此，你要是能接受这个挑战，并且有良好的表现——我绝对相信你有良好的表现——老板肯定会对我刮目相看。"这种劝说方式，将会使被劝说者产生劝说者为人坦诚的印象。

在说服过程中，必须耐心细致、不厌其烦地动之以理、晓之以利，把接受己方意见的好处和不接受己方意见的害处谈深、说透，一直坚持到对方能够听取自己的意见为止。另外，说服还必须遵循循序渐进的方针。开始时要回避重题、难题，先从那些容易说服的问题打开缺口，逐步扩展。一时难以解决的问题，可以暂时抛开，等待适当时机。

（3）提议接纳阶段。

为使被劝说者接纳己方提议，防止其中途变卦，应设法令接纳的手续变得简单。例如，在需要书面协议的场合，可事先准备一份原则性的初步协议书，告诉被劝说者："你只须在这份原则性的协议书草案上签名即可。至于正式协议书，我会在一星期内准备妥善，到时再送到你那儿供你详细斟酌。"这样，就可当场取得被劝说者的承诺，并可避免在细节方面大费周折。

2. 说服的技巧

在说服三阶段中，最困难的是第二阶段。不过，"没有攻不破的堡垒"，只要情况明、方法对，就能克敌制胜。通常可以运用以下说服方法和技巧。

（1）"揉面"说服法。

"揉面"说服法是指把富有争论性的问题掺在容易取得协议的问题中说服。

有些谈判，双方同时谈判几种商品的买卖事宜，有些商品是对方急需的，有些则是对方不急需或不太需要的。为了把那些对方不急需或不太需要而我方急于处理的商品销售出去，就要把对方要买的同我方要卖的商品同时考虑，迫使对方在购买急需商品的同时，也购买我方要推销的商品。实际商务谈判中，这种手法十分常见：

甲：我们只想要大米，不想要特种糯米，因为这种糯米的味道我们不适应。

乙：我国大米的供应很紧张，你们要求的数量远远不能满足；而这种糯米我国产量大，质量不错，其实吃习惯了，人们都会喜欢的。

甲：我们可以考虑你们的意见，现在是否先谈大米？把大米定下来。

乙：不，不，还是先讨论糯米，定下来以后再商谈大米的事情为时也不晚，您说呢？

由于乙方急需甲方的大米，为了尽快达成交易，乙方同意了大米和糯米同时进口的提案。"揉面"说服法取得了成功。

（2）参与说服法。

美国威斯康星州马里内特市的安速尔化学公司经理罗伯特·胡法说过："人们支持他们自己帮助创造的东西。"在谈判中也是如此，如果公开将一种意见说成是自己的，就可能遭到对手公开或潜在的抵制。在商务谈判中，谈判高手总努力把自己的意见伪装成对方的意见，在自己的意见提出之前，先问对手如何解决问题。当对方提出解决问题的方法以后，如果和自己的意见一致，要让对方相信这是他自己的创见，在这种情况下，对手感到被尊重，他就会认为反对这个方案就是反对他自己本身。这样，一个与对的价值和观念相联系的方案就会牢固地建立起来。这就是参与说服法的要点。

纽约市布鲁克林区一家医院，新近要添置一套X线设备，许多厂商纷纷派人前来介绍产品，负责X线部门的L医生不胜其烦。

但是，另一家厂商只来了一封信，信中说："我厂最近刚完成一套X线设备，这套设备并非尽善尽美，为了进一步改进，我们非常诚恳地请您前来指教；为了不耽误您宝贵的时间，请随时与我们联系，我们会马上开车去接您。"

L医生十分惊讶，因为以前从未有厂商询问过他的意见。他去看了那套设备，并提出一些无关紧要的意见。厂方进行小小改进后，L医生很喜欢这套自己发表过意见的设备，L医生决定买下这套设备。

在那家厂商的巧妙攻势下，原来的对手——L医生成了同盟者，一切障碍将由他去扫清，如去负责说服医院的董事会和经理办公室等。为此，L医生还准备了翔实的资料，因为他觉得买下这套设备是他"自己的主意"。

（3）对比效果说服法。

人在判断事物时，往往会在无意识之中将它拿来和其他事物作比较。也就是说，一个人被提示到某事时，他会以社会上的一般常识，也就是共通的感觉作为判断的基准，以衡量二者的优劣，这是一般人共同的心理。

所以，我们应该事先找出与一般常识背道而驰的项目和欲提示的正事一起提出，使对方脑中被此二事占满，而仅就一件事选一较有利者。也许所提示的那件事，在事先想起来会觉得是无法接受的要求，可是在当时相互比较之下，却认为是较有利的方向，而毫无抵抗地接受了，这就是"对比效果"。也就是说，跟意图上的大利比较起来，原来的不利会降至最低点。

在商务谈判中，对比效果说服法应用比较广泛。在下面这个例子中，汤姆就成功地运用了这一方法。

汤姆想购买一辆菲亚特小汽车，于是他到各汽车展销处与经销店询问价格，但是没有一个人向他提供明确的最低价格。可是，他认为一部定价为6万元的汽车，可还价3000元左右。

一般人碰到这种情形，很可能会去找汽车经销处的负责人直接谈判。汤姆却认为：那些负责人个个都精明强干，和他们谈判，成功机会太小。于是，他找到一家由助理业务员负责的小型经销店，告诉他们："我正准备与一家经销处签约，他们提供的条件很优惠，一心指望这桩生意能够成交。因为他们存货太多了，担心没有办法及时将车子销售出去，而每辆汽车如果连续6个月卖不出去，他们就要支付银行20%以上的利息，所以他们急于成交。"

汤姆说完准备离去时，业务员叫住了他："那么，您希望还多少价钱？"

"4000元。"业务员请他稍候一会儿，然后进去与负责人商量，结果双方顺利成交。汤姆比一般人少花了许多钱，买到了一部心爱的轿车。

（4）底牌突袭说服法。

为了达成最有利的协议，将自己手中的底牌作最大限度的利用，在对方毫无防御的情况下进行突袭，往往可以使谈判对手防不胜防，从而被说服。

下面有一个充分利用底牌突袭获得成功的案例。

某市政府要决定提高法人赋税，而大企业则不表赞同。两者之间谈判实力的强弱，并非以预算规模或政治压力来决定，而是最终取决于双方不协调时的代替方案。谈判的结果是，市政府把税金由每年150万元提高到350万元。

原来市政府早已考虑好了谈判无法达成协议时采取的措施，那就是将市区加以扩大，使那家企业位于市区之中，从而以住宅区的税率向其每年征收500万元的地皮税，而该企业在谈判前却只抱着乐观的态度，根本没有仔细考虑一下不协调时可采取的代替方案。结果，当市政府方面亮出底牌进行威胁时，便措手不及，答应了本应拒绝的条件。其实，这家企业在这个小城市的经济发展和就业等方面都起着举足轻重的作用，一旦企业关闭，改迁他地，市政府根本承受不起损失。然而，正因为这家企业有优势而浑然不觉，才让对方偷袭成功。

所以，积极地思考在未达成协议时应如何应付，将可以大大增强谈判的力量，并可以比较容易地说服对手。

（资料来源：稻壳网，2019年7月16日）

项目三　助力脱贫攻坚，我们在行动

• 实践类型

公益活动

• 实践目标

精准扶贫是全面建成小康社会、实现中华民族伟大复兴中国梦的重要举措。通过到贫困地区进行公益帮扶活动，可帮助贫困地区的人们获得物质上的帮助和心灵上的慰藉，使他们意识到社会对他们的关爱，让他们明白国家"全面小康，一个也不能少"的庄严承诺，还可以帮助大学生在公益活动中提升自身的道德素质，增强对社会的责任感和使命感，树立"人人为我，我为人人"的社会意识。

• 注意事项

活动前先对帮助对象进行了解，明确帮助对象存在的困难及特点，并根据情况制订活动计划；活动过程中要注意安全，重活可请男同学帮忙完成；注意言行要有礼貌，不要对帮助对象表现出优越感；要有时间观念，注意纪律性；注意保持卫生，不要在活动后留下大量垃圾。

• 活动流程

1.任课教师提前确定好活动地点，地点为学校附近的贫困村庄，附近没有的可考虑稍远一些的地点，并取得院系领导或校领导的批准；提前1周布置活动任务，讲明注意事项，任课教师对活动地点和帮助对象做好充分了解和准备。

2.将学生分为若干小组，每10人为1组，每个小组选组长1名，负责本小组活动的组织安排及安全等工作；每个小组推选1名学生负责拍照。

3.各小组组长带领本小组成员查阅或询问帮助对象的具体情况，并根据情况制订相应的帮助计划。

4.各小组组长负责在小组内募捐钱和书等物资，也可以在校园内进行募捐，将募捐到的钱物交给任课教师，任课教师做好统计，统一管理。

5. 任课教师带领学生前往活动地点，途中任课教师和小组组长要负责好安全。

6. 到达后，任课教师与村委会领导取得联系，说明来意并询问具体情况。

7. 师生在村领导的带领下前往各贫困家庭，将钱和书本等物资交给有需要的家庭。

8. 各小组分头行动，帮助各个贫困家庭干活、教失学儿童认字等，有能力的学生还可以给村民讲解有关技术知识，使他们认识到技术脱贫的重要性。活动时间任课教师根据具体情况而定。

9. 活动结束，任课教师带领学生返回学校。

10. 各小组提交 1 份活动计划，每位学生提交 1 份心得体会。

11. 任课教师在课堂上对此次活动进行总结。

·实践成果

以小组为单位提交的活动计划和每位学生提交的心得体会

·参考资料

救济扶贫公益活动心得体会

201× 年 11 月 18 日是个平常得不能再平常的日子，但是在 ×× 连锁超市门前一场空前的暖心盛会正在持续升温中爆发出来——现场除了 ×× 超市自己的员工外，还有国宾酒店及国宾美容院的员工，当然还有来自社会各界的爱心人士、农贸市场里的水产大姐、与悦千家合作的爱心厂家、东港市各大媒体工作者。作为本次活动全程组织与安排的工作人员，基本上每个细节我都渗透了进去，从活动发起到活动准备阶段到现场的组织与安排，再到最后的挨家挨户走访，我的心情犹如坐过山车一般起伏不定，目睹一户户贫困家庭的现实情况，了解倾听他们家所面临的困境，感受到了募捐现场的爱心捐赠及社会各界爱心人士对这些家庭的关注与支持，给我带来了心灵的触动。

能够作为本次活动的组织者，我个人感觉是十分光荣与骄傲的，同时也让我感觉到自己身上担子与责任的沉重，每个环节都要考虑周全，不能有一丝的马虎。尽管我也十分尽心尽力，但是还是存在着许多考虑不周的地方。对于这些不足的地方在活动过后我做了深刻的总结，让自己在以后的工作中能够考虑得更周全一些。为了自己，也是为了需要帮助的贫困群体，不希望因为自己的疏忽而让捐赠的物资受到些许影响，因为他们实在是太需要这份资助了。看着现场一个个排着队有序上台捐款的员工及社会爱心人士，那一刻，我的心感受到这现场的温度上升，尽管是北方 11 月份寒冷的天气，仍然抵挡不了爱心的温暖传递。

当我们的爱心车队带着所有爱心人士捐赠的物资进入长山镇时，我能够感受到一双双炽热的双眼在期盼着我们的到来。首先迎来的就是长山镇政府的工作人员热情的笑脸，一位热心的村妇女主任大姐自始至终陪伴着我们的爱心车队，陪伴着我们一起深入各个村落，走进每一户贫困家庭中。这位大姐的行动也是一种无形的捐助。

两天时间我们走访了18户特困户家庭，加上现场捐赠的一户老人一共19户家庭，目睹了19个不一样的家庭，心灵受到了19次激烈的碰撞，一次比一次更揪心，一次比一次更激动。当我们进入需要帮助的贫困家庭中时，看到一张张因为激动而流出泪水的脸，看到他们或因病痛导致丧失劳动力而带来的贫困窘境，或因家人重病拖累了整个家庭所带来的困境，不禁让我发出感慨，原来人活着有钱没钱都不重要，最重要的是全家人的平安健康。在我们下乡走访献爱心的途中，去一所学校接一位村妇女主任大姐，在学校门口停留了片刻的功夫，我看到了一个外表破破烂烂的小房子里进进出出好多小学生，我怀着一颗好奇的心理走了进去，进去之后才发现，破旧的布帘子后面有一个破破烂烂的小柜台，上面摆放了很多不知名的小食品，有辣条、外包装破损的油炸爆米花一类的垃圾食品，还有长毛的面包、带色素的饮料，小学生们争前恐后地购买。这不禁让我联想到，病从口入，农村的孩子们正处于生长发育长身体的时候，天天吃这些垃圾食品，身体能好吗？真心认为工商部门应该下乡来打击一下这些无证经营的黑心商家，将这些没有食品安全保障的黑心窝点取缔，还农村孩子们一个健康成长的好环境。

当然，这两天的走访在我记忆中最为深刻的还是×××村的那位大姐，因为身患尿毒症，面临每两个月就需要透析一次的高额医疗费，与她风雨多年的丈夫退缩了，选择了与身患重病的这位苦命的大姐离婚，这位大姐的儿子、儿媳都不孝敬，儿子患病，母亲为了救回儿子的一条命将家里仅有的几亩地也给变卖了，所有的钱财都被儿媳拿走了，没有给她的婆婆留下一分救命钱。当我们出现在她的家中时，她已经奄奄一息地躺在床上。在于总冲出了屋子拿回两千元钱的那一瞬间，全屋人的泪点都到了极限，大姐流下了感激的泪水，我们一屋子前来献爱心的悦千家爱心志愿者都忍不住流下了眼泪，还有不少同志受不了这种悲情场景选择离开了屋子。大姐的哭声沁透着每个人的心灵，怎么会将所有的磨难与不幸都降临到这一位大姐的身上了呢？当我们离开的时候，大姐拖着无力的身躯强行下床，扶着门框目送着我们离去，眼里满是期盼，期盼着我们下次的到来，期盼着活下去的希望……

这只是众多家庭中的一户，其他18户都有18户不同的故事，我打算利用公司公众平台，每天报道一个家庭的故事，不暴露出他们的姓名，呼吁社会上更多的爱心人士和他们村里的村主任、妇女主任联系，共同伸出援手来帮助他们解决眼前的难题，也希望我们悦千家可以为这些贫困家庭提供一些好的能够摆脱贫困困扰的方法，从根本上帮助到他们。本次爱心募捐及下乡活动已经结束几天了，但是我的心始终没有平静下来，我希望当我们下次再去到各个村里的时候，可以看到孩子们脸上都洋溢着健康快乐的笑容，家家户户都能过上幸福健康的好日子！让更多的人加入我们×××阳光基金，用我们的爱与阳光帮助到更多需要帮助的人。

（资料来源：稻壳网，2019年3月27日）

参考文献

[1] 本书编写组：《中国近现代史纲要》(2018 年版)，高等教育出版社 2018 年版。

[2] 汪一江：《"中国近现代史纲要"课实践教程》，安徽师范大学出版社 2016 年版。

[3] 姚群民、余守萍、甘培强：《中国近现代史纲要实践教程》，南京大学出版社 2017 年版。

[4] 章其真：《中国近现代史纲要课程教学与实践研究》，江苏人民出版社 2019 年版。

[5] 周树立、王昊、于慎鸿等：《〈中国近现代史纲要〉实践教学论》，经济管理出版社 2017 年版。

[6] 韩玉芳、李阅民、顾坚男：《中国近现代史纲要实践教程》，科学出版社 2016 年版。

[7] 陈志：《寻访初心：大学生思想政治理论课优秀实践报告选》，中央编译出版社 2019 年版。

[8] 陈历：《理论、方法与实践：高校思想政治理论课实践教学研究》，厦门大学出版社 2018 年版。

[9] 吴素香：《大学生思想政治理论课社会实践方法指导》，华中科技大学出版社 2019 年版。

[10] 陈卫华：《中国近现代史纲要教学指导书》，清华大学出版社 2018 年版。

[11] 谢珍萍、邵雅利、张佩兰等：《新时代新福建新青年：大学生思想政治理论课社会实践指南》，厦门大学出版社 2019 年版。

[12] 刘明合、闫良础：《思想政治理论课项目化实践教学教程》，化学工业出版社 2017 年版。

[13] 张子睿：《大学生社会实践》，中国林业出版社 2017 年版。